社会主义新农村建设书系

农民财务与税收知识300问

许建国　唐晓东　主编

ZHEJIANG UNIVERSITY PRESS
浙江大学出版社

序

当前,我国社会主义新农村建设正蓬勃开展,国家出台了更加全面的强农惠农政策,促进了农村集体经济的发展,加快了农村民主管理的步伐,农村的财务管理进一步走向规范化、制度化。农民掌握财务知识,对于依法理财、民主理财和做好村集体经济的会计核算,正确行使对集体经济发展过程中的财务监督和民主监督,显得非常必要。村集体经济的发展和农民的富裕,也促进了农民投资办企业。税法要求企业做到依法纳税、切实履行纳税人的法定义务,同时纳税人也可以合理运用国家的税收政策、正确行使自身权利,因此农民朋友学习一些财务与税收的知识,显得格外需要。

许建国等同志长期从事税收和财务管理工作,他们利用业余时间编写了《农民财务与税收知识300问》,综合了村集体经济组织的财务会计知识和与农民办企业相关的税收知识,分类清晰,内容精练,并且采用问答方式编写,简洁明快,通俗易懂,方便实用。我相信,这本《农民财务与税收知识 300 问》的出版发行，将为广大农民朋友快速了解、掌握和运用农村财务与企业税收知识起到积极作用，也将为推动农村财务管理水平的提高和普及税收知识助上一臂之力。

浙江省地方税务局　劳晓峰

2012 年 6 月 22 日

目 录
CONTENTS

▶▶▶ 下　篇　农村税收知识 ◀◀◀

收税款,哪些情况可以核定征收?

问题93：我国目前主要有哪些税种,这些税种主要针对哪些纳税人开征?

问题94：税务机关采取何种方式核定个体工商户应纳税额?

问题95：税务机关采取怎样的核定定额程序?

问题96：定期定额户实际经营额、所得额超过税务机关核定的定额应如何处理?

问题97：定期定额户发生停业的应如何办理?

问题98：定期定额户对税务机关核定的定额有争议时应如何办理?

问题99：张三和李四同为个体户,而且都收到了税务机关的定额通知,但是张三每月要缴税,而李四却不用缴税,税务机关的解释是李四每月的营业额没到起征点,所以免缴,请问这是为什么?

问题100：请问目前我国的税收起征点金额是多少?

问题101：我在城区开了一个理发店,请问是否需要办理税务登记证?哪些纳税人应当办理税务登记?

问题102：我开了一家饭店,因生意清淡,打算不再经营了,请问需要到税务机关办理什么手续?哪些情况应办理注销税务登记证?

问题103：公司法定代表人变更,是否需要办理税务登记变更手续?纳税人税务登记内容发生变化是否需要办理变更手续?

问题104：企业是否可以申请停复业?

问题105：我承包了本村一段道路的维护,需要提供正式发票才能拿到工钱,请问到哪里开发票?国税、地税机关分别负责管理哪些种类的发票?

问题 118：增值税价外费用究竟包括哪些？

问题 119：负责当地产品销售和售后服务的非独立核算分支机构,是否可与总公司合并缴纳增值税？

问题 120：我单位开发新产品,无偿作为实验材料提供给第三方企业,进行产品性能试验,是否视同销售计入应税所得？

问题 121：视同销售行为应如何征收税款？

问题 122：一般纳税人假如在每月 25 日即已结账,那么当月后几天开具的普通发票可否并到下个月计算销项税？

问题 123：一般纳税人收到违约金未作销售收入处理,也没有缴增值税,是否属偷税行为？

问题 124：如果销售收入达到了增值税一般纳税人标准,企业不提出申请,是否强制认定为一般纳税人,且进项税额不得抵扣？

第 7 章　农业生产税收

问题 125：现在还要征收农业税吗？如果已经取消,那么是从什么时候开始取消的？

问题 126：涉农税收优惠有哪些？

问题 127：国家为了扶持"三农"发展,在农户融资方面有没有相关的税收优惠政策？

问题 128：请问小型企业在向金融机构借款时有没有税收优惠政策？

问题 129：一般纳税人生产销售的胡椒粉是否按照 13% 的税率征收增值税？

问题 130：我是一家新开业的生产矿泉水的公司,请问增值税的税率是 17% 还是 13%？

第8章　工业生产税收

问题145：公司将生产的桌椅无偿捐赠给学校使用，请问是否需要缴纳增值税？

问题146：一般纳税人生产纯净水是否能按3％的税率征收增值税？

问题147：个体户生产烧鸡要缴纳增值税吗？

问题148：一般纳税人恢复抵扣后，停止抵扣期间的进项税额能否抵扣？

问题149：企业生产混合饲料，是否不用缴纳增值税？

问题150：公司销售的农用三轮车是否算做"农机"，能否享受免征增值税的政策？

问题151：某公司本月收到一笔客户的违约延期付款利息款项，请问该公司应当申报增值税吗？

问题152：企业自产自用的货物是否需要缴纳增值税？

问题153：公司取得的由联运公司开具的货运发票是否能够抵扣进项税额？

问题154：粮食加工企业（为一般纳税人）将购进的粮食又委托给其他单位加工，收回后再出售，委托加工部分取得的进项税额能否抵扣？

问题155：公司将一部分原材料用于在建工程项目，是作进项税额转出还是按销售处理？

问题156：公司在对库存货物进行盘存时，出现盘盈情况，对盘盈的库存是否需要补征增值税？

问题157：现在饲料生产企业免征增值税是否需要审批？由哪个税务机关进行审批？

问题158：一企业生产免税化肥，并负责送货上门，随同化肥销售时发生的运费是否需要缴纳增值税？

问题159：纳税人销售自产货物，提供增值税应税劳务并同时

　　　　承运方与收款方能一致吗？如果不一致，能否
　　　　抵扣？

问题169：棉花加工企业在从农民手中收购棉花时有籽棉、皮
　　　　棉，是否均可以开具收购发票进行抵扣？

问题170：某公司为一般纳税人，能够详细核算增值税的进、
　　　　销项税额。请问该公司用于修建伙房、车棚及非生
　　　　产用电进项税额是否应该转出？

问题171：某增值税发票中第一行开具的货物是正数，第二行
　　　　开具的折扣是负数，合计金额为正数，请问：是否应
　　　　按合计数额确认货物的价值和进项税额？

问题172：为汽车生产企业提供索赔维修服务的企业，因生产
　　　　企业与维修企业对所耗工时、材料确认上存在差
　　　　异，请问维修企业应何时确认收入、税金？

问题173：某企业利用猪、马、牛、鸡等牲畜粪便加工成有机肥
　　　　料，专供菜农种菜使用，能否享受优惠政策？

问题174：以销定产的企业，对方退货往往会造成产品报废，
　　　　如对构成产品实体的材料重新回用，请问：能否不
　　　　做进项税额转出，依据是什么？

问题175：啤酒生产企业在啤酒生产过程中产生的下脚料酒
　　　　槽属于单一大宗饲料，只能用于饲养牲畜，酒槽已
　　　　办理免征增值税手续，进项税额是否应该转出？如
　　　　需转出，如何计算？

问题176：一般纳税人加工蔬菜后用真空塑料包装，并非玻璃
　　　　瓶包装，如真空包装的榨菜丝等，增值税税率应为
　　　　多少？

问题177：如果开票单位和收款单位不一致，请问该项增值税
　　　　专用发票能否抵扣？

17%,还是仍以 3% 计税?

问题 186:某公司是一般纳税人,替别人代销一批商品,按合同规定的价格销售,没有利润,还用申报纳税吗?

问题 187:某企业是增值税一般纳税人,主要经营花卉批发和零售业务。请问:经营花卉所适用的增值税税率是多少?应如何计算应缴纳的税款?

问题 188:以旧换新销售电脑,能扣除旧货价值缴税吗?

问题 189:某商场的金银首饰以旧换新业务是按新首饰的价格还是按扣减后价格确定销售额?

问题 190:某工程公司所签订的合同为"供货及安装合同",应该缴纳增值税还是营业税?如果签订的是"施工合同"(内容是供货及安装)应缴纳增值税还是营业税?

问题 191:某商业企业购进一批新鲜的香菇后,将其晒干并分包,出售时适用的增值税税率是多少?

问题 192:商家在购进产品时,厂家无偿赠送一批货物,发票只开产品的售价,赠品不收款不开票。商家在销售商品时赠品也同样不收款不开票。问商家赠送的赠品是否应缴纳增值税?

问题 193:某公司是增值税一般纳税人,购入的材料在运输途中发生车祸损失了 50%,那该公司需要进项税额转出吗?

问题 194:某公司销售果汁收取的包装桶押金是否要并入销售额征收增值税?

问题 195:某公司是销售计算机及配件的一般纳税人,税率为17%,有时也为客户维修电脑,请问收取的维修费的税率是多少?可否开具增值税专用发票?

问题 228：个人转让住房营业税的减免是如何规定的？

问题 229：个人转让住房取得的所得,怎样计算缴纳个人所得税？

问题 230：计算个人转让住房应缴纳的个人所得税时,购房贷款利息可否扣除？如何扣除？

问题 231：个人将受赠不动产对外销售时,购房时间、价格如何确定？

问题 232：个人将受赠不动产对外销售时,如何征收个人所得税？

问题 233：个人出售非居住用房如何纳税？

问题 234：营业用房转让如何缴纳营业税,是受5年时间限制,还是无论多长时间转让都按差额征收营业税？

问题 235：个人出租房屋需要缴纳哪些税？应该注意哪些税收政策规定？

问题 236：个人拥有房屋、土地需要缴纳哪些税？应该注意哪些税收政策规定？

问题 237：个人转让房屋需要缴纳哪些税？应该注意哪些税收政策规定？

问题 238：企业拥有房屋、土地需要缴纳哪些税？应该注意哪些税收政策规定？

问题 239：个人将不动产无偿赠与他人,是否征收营业税？

问题 240：农民出包、出租土地是否征营业税？

问题 241：单位把一幢房产无偿赠送给股东或职工,请问营业税和土地增值税如何缴纳？

问题 242：对合作建房行为应如何征收营业税？

问题 243：什么是耕地占用税？哪些情况需要缴纳耕地占用税？

问题 290：演职人员取得报酬，应当如何缴纳个人所得税？

问题 291：出租车司机应当如何缴纳个人所得税？

问题 292：律师事务所及其从业人员如何缴纳个人所得税？

问题 293：个人从事医疗服务活动取得所得，应当如何缴纳个人所得税？

问题 294：个人从事彩票代销业务取得所得应当如何缴纳个人所得税？

问题 295：个人投资者用企业资金为本人、家庭成员及其相关人员支付与企业生产经营无关的消费性支出及购买家庭财产，应当如何缴纳个人所得税？

问题 296：个人对企事业单位的承包经营、承租经营取得所得，应当如何缴纳个人所得税？

问题 297：个人从事建筑安装业取得所得，应当如何缴纳个人所得税？

问题 298：实行查账征收的个人独资企业和合伙企业投资者，应当如何缴纳个人所得税？

问题 299：实行核定征收方式的个人独资企业和合伙企业，应当如何缴纳个人所得税？

问题 300：个人投资两个或两个以上独资、合伙企业的，应当如何缴纳个人所得税？

上　篇　农村财务知识

第 1 章　财务基础知识

问题 1：为什么要普及农村财务知识？

答：随着农村改革的深入发展，国家的"三农"政策促进了农村集体经济的发展壮大，实行村集体经济组织财务公开，推行民主管理和民主监督是村集体经济组织管理的基本要求。农业部、监察部、财政部等中央管理部门相继印发了《村集体经济组织财务公开暂行规定》《关于进一步加强和规范农村财务管理的意见》《村集体经济组织会计制度》《关于开展村级会计委托代理服务工作的指导意见》等规范农村财务管理的文件。这些文件形成了村集体经济组织财务管理的基本制度。村民委员会管理村级集体经济和组织会计核算需要财务知识，村民监督小组履行财务监督职能也需要财务知识，村民阅读村级集体财务公开资料也需要财务知识。因此，普及农村财务知识是实行村集体经济财务公开,推行民主管理和民主监督的需要,是促进农村集体经济发展、保护村集体经济资产安全的需要,是普及财务知识,提升农村经济管理水平的需要。

问题 2:村集体经济组织的财务管理要管什么?

答:村集体经济组织财务管理是村民组织依照国家规定对村集体经济组织发生的筹资、投资、分配活动以及在组织财务管理活动过程中所形成资产、债务、收入、支出、盈余等进行监督管理,因此,村财务管理要管资产、管负债、管收入、管支出、管分配,并通过会计的核算来反映和监督。按照《会计法》的规定,村集体经济组织发生的下列事项,应当及时办理会计手续、进行会计核算:

1. 款项和有价证券的收付;
2. 财物的收发、增减和使用;
3. 债权、债务的发生和结算;
4. 资本、基金的增减;
5. 收入、支出、费用、成本的计算;
6. 财务成果的计算和处理;
7. 其他需要办理会计手续、进行会计核算的事项。

问题 3:村集体经济组织财务管理要遵循哪些基本原则?

答:财务管理原则是村集体经济组织开展财务活动、处理财务关系的准则。它是从村集体经济组织财务管理的实践经验中概括出来的、体现理财活动规律性的行为规范,是对财务管理的基本要求,要遵循以下基本原则:

1. 依法管理原则。依法管理,就是村集体经济组织从事财务管理工作必须在法律、法规和政策规章制度许可范围内，依法从事财务管理工作。依法管理贯穿于财务管理工作的各个方面，反映了财务管理活动的基本特点和基本要求，是财务管理工作必须遵循的基本原则。如村集体经济组织会计核算必须符合财政部颁布的《村集体经济组织会计制度》的规定、符合财政部发布的《会计基础工作规范》的要求；现金管理必须遵守《现金管理暂行条例》等。村集体经济组织负责人、财务人员以及广大村民，必须学法、懂法、守法、用法，以保证财务管理活动有法可依，受法律保护，不违反法规，从而实现村集体经济发展壮大。

2. 财务公开、民主管理原则。村集体经济组织是集体所有制组织，集体经济组织成员是集体经济的主人，他们有了解村集体经济情况和参与管理、参与盈余分配的权利。为了保障村民的合法经济利益不受损害，国家要求村集体经济组织实行财务公开，民主管理。对于村集体经济组织的涉及筹资、投资、分配的每一项重大经济活动和财务事项，都必须经过成员民主讨论决定，集体经济组织财务收支情况要定期向村民公布，接受群众监督。

3. 资金合理配置原则。资金合理配置，就是要通过对资金运用的合理安排，来达到各项物质资源的合理利用，达到最优化的结构比例关系，如固定资产与流动资产的构成比例；对外投资与对内投资的构成比例；负债与权益资金的构成比例；短期借款与长期借款的构成比例，等等。只有资金合理配置，资源构成比例恰当，才能保证经营活动的顺畅高效进行，取得最佳的经济效益。资金合理配置是村集体经济组织持续发展必不可少的条件，村集体组织进行资产结构决策、投资组合决策、筹资决策和收益分配决策等都必须贯彻这一原则。

4. 风险控制原则。在市场经济的激烈竞争中,经营和投资都存在风险,一般情况下是低风险得低收益,高风险则可能得到高收益。但是,投资在先,收益在后,投资后能否获得收益是不确定的。村集体经济组织进行投资经营不能只考虑有收益,更要考虑发生损失的可能。因此,风险控制原则要求村集体组织对每一项财务活动要全面分析其收益性和安全性,凡是有风险的事项,都要贯彻分散化解的原则,降低风险,重要的投资决策要集体讨论决定,不能由村干部个人独断决定。

5. 正确处理国家、集体、个人三者之间利益关系原则。村集体经济组织财务管理直接体现了国家、集体、个人三者之间的利益关系问题,尤其是收益分配方面。所以,必须按照国家有关财经法规和财务管理制度进行财务管理,保证村集体经济组织依法经营、依法理财,正确处理各方面的利益关系,使国家、村集体和村民的合法利益得到保护。

6. 统一管理与分散管理相结合原则。国家对村集体实行统一经营与分散经营相结合的双层经营体制,因此,在财务管理上也必须实行统一管理与分散管理相结合的管理体制。村集体经济组织应对村直接经营的生产经营项目和管理服务事项的财务活动实行统一管理,对独立核算的企业等经济组织和承包经营的农户等实行分散管理。

问题 4:村集体经济组织要建立哪些基本的财务管理制度?

答:加强村集体经济组织财务管理,村集体经济组织应建立健全以下财务管理制度：民主管理和财务公开制度、财务预决算制度、货币资金管理制度、实物资产管理制度、债权债务管理制度、票据管理制度、会计档案管理制度、财务开支审批制度、"一事一议"筹资筹劳制度、会计人员管理制度、村干部离任审计制度等。

问题5：我国村集体经济组织财务管理有哪几种组织形式？

答： 从我国村集体经济组织财务管理的实践来看，可归结为四种组织形式：

1. 村财自管，是指村里的财务会计业务由村集体经济组织自行管理和支配，即在村民委员会领导下，单独设立财务会计机构进行核算，设立村民财务监督小组进行监督。

2. 村财乡管，即村级会计委托代理制，是指在乡镇（街道）设立村级会计委托代理机构，在不改变村集体资产所有权、资金使用权、财务审批权、民主理财监督权的前提下，经农村集体经济组织成员大会或成员代表大会表决同意，由村集体经济组织与村级会计委托代理机构签订委托代理记账协议，由村级会计委托代理机构对村级财务实行统一制度、统一票据、统一核算、统一记账、统一公开、统一建档。财政部2008年发布《关于开展村级会计委托代理服务工作的指导意见》，在全国推行村级会计委托代理管理体制，已成为现阶段我国村集体经济组织会计管理体制的主要形式。这种组织形式能规范村集体经济组织会计行为，提高会计信息质量。

3. 代理记账，是指对不具备单独设立财会机构的村，按照相关法律规定，可以委托社会上有财会代理记账业务资质的中介机构代理。

4. 村间互管，是指对一些财会业务较少的村之间，除财务决策外，对其他的财会业务，由各村之间选出财会管理人员采用互助方式管理各村的财会业务。

问题 6：在村级会计委托代理制下，村会计机构设置有什么要求？

答：按照村级会计委托代理制，必须先设置村级会计委托代理服务机构，配备相关人员，在村里要实行"村委会主任会计负责制"，成立村民主理财小组，选举一个报账员。

1. 村级会计委托代理服务机构的设置。代理服务机构原则上由乡、镇财政部门负责组建，设总会计师 1 人，代理会计、资金会计（出纳）若干人，由持有会计从业资格证的人员担任。负责发放备用金，审核报销票据，进行账务处理，汇总编制明细账、总账和月报、季报、年报，并对各村的财务档案进行归集管理。

2. 村集体经济组织会计机构设置。村集体经济组织内部实行由村集体经济组织法人代表（村主任）负责的、村民主理财小组行使审核监督权的报账员定期报账制。第一，村集体经济法人代表（村主任）作为村级财务会计工作负责人，对本村的会计工作和会计资料的真实性、完整性负责。第二，村集体经济组织报账员，应由通过民主选举产生的村干部兼任或由通过民主程序产生的村民担任，主要负责村级收入、支出原始凭证的收集整理，村级备用金的领取、保管和定期向代理服务机构报账。报账员产生后应及时向代理服务机构备案，并积极参加财政部门组织的业务培训，经考核合格，具备相应的政策理论水平和报账业务技能后方可上岗，在不违反法律、法规和财经纪律的前提下，不宜随意更换。第三，村民主理财小组，对村级收入、支出情况逐项进行审核，并提出意见。村民主理财小组成员应向代理服务机构备案，并留相关印鉴。

问题7：村级会计委托代理制是怎样运行的？

答：村级会计委托代理制的基本运行流程分为：召开村民会议，签订委托协议；建立村民主理财小组，审核村里的支出等事项；选举报账员，负责办理报账事项。具体做法如下：

1. 签订委托协议。在尊重农民群众意愿和民主权利的基础上，由村集体经济组织和代理服务机构签订委托协议书，确立委托代理关系。为充分体现民主管理村级财务的原则，书面委托协议应由村民代表大会讨论通过，委托协议一式三份，村集体经济组织、代理服务机构、财政主管部门各留存一份。

2. 统一资金账户。实行村级会计委托代理后，各村取消会计岗位，在银行原有的账户全部取消，其存款余额一次性划转到代理服务机构开设的账户上，其财务专用章统一移交代理服务机构，其资金结算、财政拨款、预算外资金收支等均通过代理服务机构统一开设的银行账户处理，银行要预留村财务专用章、代理服务机构总会计印章、村报账员印章三枚印鉴。

3. 编制村级财务预算。开展代理服务后,各行政村应编制村级财务预算,并经村民会议审议通过后,报代理服务机构备案,作为其当年资金开支的依据。

4. **村级资金支取备用金制度**。实行代理服务的村级资金采取备用金领取方式进行管理。备用金的金额由各行政村村民委员会与代理机构协商决定。备用金的使用额度标准由村民会议讨论确定。实际开支时,经办人员需经村民主理财小组审核同意并加盖印鉴后,由村集体经济组织法定代表人审批签字;如遇重大开支和事项,还需先经过村民会议审议通过。

5. 统一报账与统一会计核算。开展代理服务后,村级财务实行村报账员向代理服务机构定期统一报账,具体报账时间由代理服务机构与各村民委员会协商确定。统一报账后,由代理服务机构负责登记各村账目、编制会计报表,对村集体经济组织的财务收支进行统一会计核算,代理服务机构分别为每个村设立"五账一簿一单",即总账、银行存款日记账、现金日记账、分类明细账、固定资产账和合同登记簿、统一报账单。

6. 统一档案管理。代理服务机构进行统一会计核算后,要对村财务、会计档案进行统一管理。代理服务机构应建立村级财务档案室,采用专用档案柜,做到"一村一柜",并配置防火、防盗、防潮、防蛀等设施,保证统一管理档案的安全完整。

7. 编制村级财务决算。年度终了时,代理服务机构根据该年各行政村资金实际使用情况,编制决算报告,送行政村村民会议审议。

问题 8：村会计人员应具备哪些基本条件？

答：会计人员是村集体经济组织从事经济活动中的特殊从业人员。按照我国会计法规的有关规定，从事会计工作的人员，要有良好的业务素质、有较强的政治觉悟和职业道德，必须取得会计从业资格证书，具备能胜任会计工作的专业知识和操作技能。会计从业资格证书是进入会计岗位的"准入证"，取得会计从业资格证书是从事会计工作的先决条件。

会计机构负责人或会计主管人员的任职条件，除了取得会计从业资格证书外，还应当具备会计师以上专业技术职务任职资格或者从事会计工作三年以上经历。按照财政部颁发的《会计基础工作规范》的规定，会计机构负责人、会计主管人员应当具备下列基本条件：

1. 坚持原则，廉洁奉公；

2. 具有会计专业技术资格；

3. 主管一个单位或者单位内一个重要方面的财务会计工作时间不少于 2 年；

4. 熟悉国家财经法律、法规、规章和方针、政策，掌握本行业业务管理的有关知识；

5. 有较强的组织能力；

6. 身体状况能够适应本职工作的要求。

问题 9：会计人员职业道德包含哪些内容？

答：会计人员职业道德是会计人员从事会计工作应当具备的道德标准，要树立良好的职业品质、严谨的工作作风，严守工作纪律，努力提高工作效率和工作质量。财政部颁发的《会计基础工作规范》对会计人员的职业道德做出了如下规定：

1. 敬业爱岗。会计人员应当热爱本职工作，努力钻研业务，使自己的知识和技能适应所从事工作的要求。

2. 熟悉法规。会计人员应当熟悉财经法律、法规、规章和国家统一会计制度，并结合会计工作进行广泛宣传。

3. 依法办事。会计人员应当按照会计法律、法规和国家统一会计制度规定的程序和要求进行会计工作，保证所提供的会计信息合法、真实、准确、及时、完整。

4. 客观公正。会计人员办理会计事务应当实事求是、客观公正。

5. 搞好服务。会计人员应当熟悉本单位的生产经营和业务管理情况，运用掌握的会计信息和会计方法，为改善单位内部管理、提高经济效益服务。

6. 保守秘密。会计人员应当保守本单位的商业秘密。除法律规定和单位领导人同意外，不能私自向外界提供或者泄露单位的会计信息。

财政部门、业务主管部门和各单位应当定期检查会计人员遵守职业道德的情况，并作为会计人员晋升、晋级、聘任专业职务、表彰奖励的重要考核依据。会计人员违反职业道德的，由所在单位进行处罚；情节严重的，由发证机关吊销其会计从业资格证书。

问题 10：村财务会计负责人和出纳应履行哪些岗位职责？

答：村财务会计负责人是主持村集体经济会计工作的

会计人员,单独设立会计机构的,叫财务会计机构负责人,如财务科长,不单独设立财务会计机构只配备一名会计的,叫会计主管人员,会计主管人员的职责权限与会计负责人相同。出纳是负责货币资金收付的人员,承担着货币资金的日常管理。

1. 会计主管人员(村财务负责人)的岗位职责:负责组织村集体经济财务会计工作;负责编制村财务预算;组织开展财务分析;审查或参与拟定经济合同、协议及其他经济文件;参加生产经营管理会议,参与经营决策,参与重大生产建设项目的公开招标工作;审查各项财务收支;负责会计核算;编制和报送会计报表;管理档案;做好财务公开工作,听取群众意见,接受财务监督。

2. 出纳人员的岗位职责:按照国家有关规定,执行财务开支标准和现金管理制度,审核有关现金和银行存款业务的原始凭证,办理现金收付和银行结算业务;编制收、付款凭证,逐笔顺序登记现金日记账和银行存款日记账;做到"日清月结",保证现金日记账实相符,银行存款日记账与银行存款余额相符;遵守银行结算纪律,不准签发空头支票,不准出租出借银行账户;遵守现金收付规定,负责保管好库存现金、有价证券和支票及有关印鉴,按规定办理支票领用手续,严禁白条抵库。出纳人员不得兼任与现款收付相关的收入、费用、债权债务的登记以及会计稽核和会计档案的保管工作。

问题 11:会计人员的任免有什么规定吗?

答:村集体经济组织会计人员应当按照有关会计人员

管理权限及规定任免,村会计人员实行聘任制,由村民委员会主任聘任,被聘任的会计人员必须向上级主管和财政部门备案,村会计可以连续聘任,不称职的可以解聘。实行村级会计委托代理制的村报账员属于会计人员,在不违反法律、法规和财经纪律的前提下,不宜随便更换,要保持相对稳定。

问题 12：哪些村会计人员要执行回避制度？

答：回避制度是为了保证执法或者执业的公正性,对可能影响其公正性的执法或者执业人员实行职务回避和业务回避的一种制度。会计人员实行回避制度是杜绝会计工作中由于亲情关系而串通作弊产生违法违纪现象的重要举措之一。根据村集体经济组织财务制度的基本规定要求,村支部书记、村民委员会主任、村集体经济组织分管财务的其他村民委员会委员的近亲属不得担任本村会计和出纳工作。同时,村会计的直系亲属不得担任本村的出纳工作。需要回避的近亲属包括夫妻、子女父母和兄弟姐妹等直系血亲关系、三代以内旁系血亲以及近姻亲关系。

问题 13：建立村会计内部监督制度要注意做好哪几方面的工作？

答：村会计内部监督制度是指建立岗位职责分离和相互制约的制度,要求做到一项经济业务必须由两人或两人以上的人员来共同完成,以防止会计事项舞弊的发生,以保护集体经济中资产的安全。建立村会计内部监督制度要注意做好以下几方面的工作：

1. 会计与出纳人员要分开；

2. 审批人与经办人、付款人、实物保管人分开；

3. 实物保管人员与会计、出纳人员分开；

4. 需要回避的人员不得担任会计岗位职务；

5. 村民理财小组成员或内部审计人员与审批人员、会计人员、实物保管人员分开；

6. 会计不得兼任出纳工作，出纳人员不得兼任与现款收付相关的收入、费用、债权债务账簿的登记、会计稽核和会计档案的保管工作。

问题 14：什么叫村集体经济组织内部审计？

答：内部审计是指组织内部的一种独立客观的监督和评价活动，它通过审查和评价经营活动及内部控制的适当性、合法性和有效性来促进组织目标的实现。村集体经济组织的内部审计一般是在村民监督委员会的领导下，可通过建立内部审计小组等内部审计机构，运用审计方法对村财务会计资料所形成的财务活动及其成果的合法性、适当性、有效性进行监督、评价，并提出审计建议。

问题 15：村干部离任审计主要审什么内容？

答：村干部离任审计是对以村委会主任和村党支部书记为代表的"村两委"在任期届满时，聘请审计机构对他们任职期间执行国家政策、发展农村经济、遵守财务收支规定、完成经济目标所进行的评价和监督，主要审计以下方面的内容：

1. 财务收支预算和决算执行情况；

2. 国家支农政策的落实和资金的使用情况；

3. 债权、债务情况；

4. 集体资产的管理、使用及保值增值；

5. 内部控制制度及其执行情况；

6. 各项经济目标完成情况；

7. 其他需要审计的事项。

第 2 章 资产与负债管理

问题 16：做好农村集体经济组织的资产管理要注重哪些基础环节？

答：农村集体经济组织的资产可分为流动资产、农业资产、长期投资和固定资产。做好资产管理要注重以下基础环节：

1. 注重资产管理制度的建设。一套完整、有效的资产管理制度是做好资产管理的基本前提，是管好资产的基本保证。应当建立货币资金管理制度、存货管理制度、固定资产管理制度、对外投资管理制度。

2. 注重货币资金管理。货币资金包括现金和银行存款，村集体经济组织的一切经济活动都离不开货币资金，流动性最强，是最重要的资产。货币资金的支付要按照经办人申请、审批人批准、会计复核、出纳付款的程序办理。

3. 注重实物资产管理。实物资产包括：存货、固定资产。存货是重要的生产资料，固定资产是生产经营的物质基础，是生产经营不可缺少的条件。

4. 注重投资风险管理。对外投资包括用货币资金购买股票、债券、投资其他经济实体，用闲置的固定资产、存货等投资其他经济实体，由于投资存在亏损的风险，因此，防止投资风险是对外投资管理的重要环节。

问题 17：怎样做好现金管理？

答：做好现金管理要遵守国务院颁发的《现金管理条例》规定，满足经营管理的需要，保护现金的安全。主要做好以下几个方面的工作：

1. 现金由专人负责收付和保管。村集体经济组织现金要由出纳负责收付和保管，如果实行乡镇、街道等集中核算的，由专职报账员承担出纳职责，除出纳人员以外的其他人员，未经财务管理部门许可，不得直接接触现金。

2. 遵守国家现金管理制度。执行库存现金限额、按照现金使用范围支付、不坐支销货款、不白条顶库。

3. 做好现金的记账、对账和盘存。出纳要建立现金日记账，按照业务发生顺序，逐笔登记，每日结出余额，核对库存现金，保证账实相符，月末会计总账现金账户要与出纳的现金日记账核对本期发生额和余额，同时，会计要抽查出纳库存现金，保证账账、账实相符。

4. 严格遵守会计岗位和出纳岗位的分离，做到"管钱的不管账，管账的不管钱"，执行货币资金收支的内部牵制制度，明确职责，相互制约，确保资金的安全。

问题 18：出纳人员平时可以保留多少库存现金？

答：出纳人员保留的库存现金叫备用金，用于日常零星支付。根据国务院发布的《现金管理条例》规定，一般保留 3～5 天日常零星支付的现金限额，交通不便的地方可以适当增加，最多不超过 15 天日常支付的现金限额。现金限额标准是各村集体经济组织根据实际支付需要确定，每村都不一定是一样的。在实行乡镇、街道集中核算的地区,也有统一的做法,如《浙江省村级财务管理规范化建设意见》规定,村集体经济组织除了按规定留存一定的库存现金,所有货币资金都必须存入银行,具体限额标准由县或乡镇制定,一般以各村集体经济组织的规模大小及日常业务量为依据核定。如浙江省台州市路桥区规定:村级集体经济组织库存现金限额为 1000 元以下,超限额部分应及时存入信用社或银行;经济业务往来较多的村,经镇(街道)批准核定,可适当提高限额标准,但最高不得超过 3000 元。

问题 19:村集体经济组织现金使用的范围有什么规定吗?

答:库存现金主要用于日常的零星开支,村集体经济组织允许使用现金的范围有:干部和村民参加统一经营劳动的工资、津贴和个人劳务报酬,支付给个人的奖金;村民的各种福利费、社会保险和社会救济支出,如抚恤金、助学金等;因公出差人员必须随身携带的差旅费;村集体经济组织购买各项农业生产资料的价款结算金额不到 1000 元的;到外地采购地点不固定的地方购买物品;抢险救灾救命等紧急需要的支付;其他日常零星支出。对超出以上范围的支出,要通过银行转账结算,不得支付现金。

问题 20:村集体经济组织是否可以用日常经营收入的现金用于直接支付费用?

答:不可以。村集体经济组织对需要支付的现金,应当从其库存现金限额中支付,符合现金支付范围的,也可以开具现金支票从开户银行支付,但不得从经营现金收入中直接支付,将收入的现金直接用于支出的行为称作坐支现金。国家规定,不得坐支销货款。村集体经济组织因特殊情况需要坐支现金的,应事先报经开户银行审查批准,由开户银行核定坐支范围和限额,并定期向银行报送坐支金额和使用情况。

问题 21:出纳现金出现差错怎么处理?

答: 现金的保管是出纳的职责,出纳现金出现差错,出纳首先要承担工作责任。为了加强对库存现金的管理,保证现金的安全,防止差错、被盗、挪用等发生,出纳人员每个工作日必须对现金进行清点现款库存数,并与现金日记账当日账面余额记录进行核对,如现款的清点出现账实不符后,应进行复盘,确认结果后,列示实存、账存及盈亏款的数额,据此进行盈亏核算;其次要根据情况作出处理:属于多收、少付或未入账的收支,由收款人填写收据领取或补入账;属于出纳责任发生现金短少的要由责任人负责赔偿,如工作马虎错款、现金不放保险箱被盗窃等;非出纳责任少款的,按规定批准作为损失处理,如保险箱内限额内的现金被盗窃,因灾害发生现金损失等。

问题 22:村集体经济组织如何做好银行存款的管理工作?

答: 银行存款是指村集体经济组织存在银行里的现金。银行存款根据存款期限和取款的不同约定,分为活期存款和定期存款。村集体经济组织银行结算账户中的存款属于活期存款,如果用定期存款的一般有存单或存折,定期存款利率高,活期存款利率低。做好银行存款管理要重视以下方面的工作：

1. 重视银行账户管理。村集体经济组织结算需要在银行开户，把收入的现金存入银行账户，支付也通过银行账户结算。企业可以根据国家规定和需要到商业银行、信用社等金融机构开立银行账户，银行存款账户按用途分为基本存款账户、一般存款账户、临时存款账户和专用存款账户。村集体经济组织根据经济业务需要，到银行选择开立账户，基本结算户只能开一个，一般存款账户、临时存款账户和专用存款账户都要在基本结算户开好后，才能申请开户。

2. 重视银行印鉴和支票管理。村集体经济组织在银行开户后，要在开户银行按规定预留开支票、汇款等结算使用的银行印鉴。银行印鉴一般由村委会财务专用章、村委会主任、会计私章 3 枚印章组成，也可以只用村委会财务专用章、村委会主任私章 2 枚印章。银行印鉴的印章必须要由会计、出纳等两人以上分开保管，不得由出纳一人保管。银行支票要实行购买、领用、核销制度，银行支票与银行印鉴分开保管。

3. 注意遵守结算纪律。银行结算有具体的规定要求，单位和个人办理支付结算，不准签发没有资金保证的票据或远期支票，套取银行信用；不准签发、取得和转让没有真实交易和债权债务的票据，套取银行和他人资金；不准无理拒绝付款，任意占用他人资金；不准违反规定开立和使用账户。

4. 做好银行存款记账、对账。按照一个银行账户一本账的要求，建立分银行、分账户的银行存款日记账，根据银行结算单据,按照时间先后顺序逐笔登记银行存款日记账,及时结出余额,月末结出发生额和余额,与会计总账的银行存款余额和银行对账单核对,如有不符要查明原因,编制银行存款余额调节表,保证账账、账实相符。为了加强对银行存款的对账管理,银行日记账与银行对账单之间的核对,应由出纳以外会计人员核对。

问题 23：村集体经济组织在银行开立的各种账户各有什么用途?

答：村集体经济组织根据《人民币银行结算账户管理办法》,在银行可开立基本存款账户、一般存款账户、临时存款账户和专用存款账户。它们分别有以下用途和要求：

1. 基本存款账户　用于存款人办理日常转账结算和现金收付需要开立的银行结算账户。村集体经济组织提取备用金、发放工资等支取,只能通过基本存款账户办理。

2. 一般结算账户　是存款人因借款或其他结算需要,在基本存款账户以外的银行营业机构开立的银行结算账户。村集体经济组织通过该账户办理借款、偿还和现金交存,但不能办理现金支取。

3. 专用存款账户　是村集体经济组织对其特定用途资金进行专项管理和使用开立的银行结算账户,开户需要提供相关文件,如根据农业部《关于加强农村集体经济组织征地补偿费监督管理指导工作的意见》(农经发〔2005〕1 号)管理要求,村集体经济组织可以申请开立一个专用存款账户,专门用于征地补偿费的管理和使用。

4. 临时存款账户　是存款人因临时需要在规定期限

内使用而开立的银行结算账户。村集体经济组织可以通过该账户办理转账结算和根据国家现金管理的规定办理少量现金收付,该账户用完即撤销,有效期限最长不超过2年。

问题 24: 村集体经济组织到银行开户有什么规定?

答: 村集体经济组织到银行开户应当遵守中国人民银行有关账户管理规定,为了规范农村财务管理,许多地方政府根据国务院要求,进一步明确银行开户的要求,如《浙江省村级财务管理规范化建设意见》明确: 每个村集体经济组织原则上只能选择一家银行营业机构开立一个基本存款账户,办理日常转账结算和现金收付,不得在同一家银行的几个分支机构开立一般存款账户,对确需开立一个以上账户的,须经民主理财小组同意,并报乡镇农经站批准,如村集体经济组织在基本存款账户开户银行以外的银行营业机构有贷款的,可以开立一个一般存款账户,专门用于还贷结算;开立专用存款户必须要有专用资金的管理文件,才能办理开会手续。

问题 25: 村集体经济组织准备向银行申请开立账户,需要携带哪些资料? 如何办理?

答: 村集体经济组织申请开立账户应携带以下资料的原件及复印件办理: 工商行政管理机关核发的营业执照;组织机构代码证正副本;负责人居民身份证;主管部门准许开户的批件。开立一般存款账户、专用存款账户、临时存款账户时,还要出具基本存款账户登记证及其他相关文件。按下列基本程序办理:

1. 填写《开立单位银行结算账户申请书》一式三份,加盖单位公章和负责人印章,附上述资料送交开户银行。

2. 开户银行审核并同意后,向中国人民银行当地分支机构申请开户许可。

3. 中国人民银行核准后,核发开户许可证。

4. 凭开户许可证开立账户。银行账号由开户银行确定,并按开户银行要求,预留银行印鉴卡,再购买支票等结算票据,可进行正常的银行结算。

问题 26:哪些情况需要办理银行结算账户变更或撤销手续?

答:村集体经济组织要进行银行结算账户变更或撤销,应按照规定手续办理。

1. 账户变更的情形规定和手续:村集体经济组织更改名称但不改变开户银行及账号,或法定代表人(主要负责人)、住址以及其他开户资料发生变更的,应于 5 个工作日内书面通知开户银行并出具有关证明材料,开户银行在接到村集体经济组织的变更通知后,办理变更手续,并在两个工作日内向中国人民银行报告。

2. 银行账户撤销的情形和手续:村集体经济组织存在下列情形之一的,应向其开户银行提出撤销银行结算账户的申请:被撤并、解散、宣告破产或者关闭;注销、被吊销营业执照;因迁址需要变更开户银行;其他原因需要撤销银行结算账户。对已经开户一年,但未发生任何资金往来的账户,开户银行应通知村集体经济组织,村集体经济组织自银行发出通知 30 日内到开户银行办理销户手续,逾期不办理的视同自愿销户处理。村集体经济组织撤销银行结算账户,必须与开户银行核对银行结算账户的存款余额,同时交回各种重要空白票据、结算凭证以及开户登记证;开户银行核对无误后再办理销户手续。但是,村集体经济组织尚未清偿其开户银行债务的,不得申请撤销银行结算账户。

问题 27:固定资产标准是怎样规定的? 如何加强固定资产管理?

答:固定资产是指使用期限超过 1 年、单位价值在 500元以上,并且在使用过程中能保持原有物质形态的资产,包括房屋建筑物、机器设备、工具器具等劳动资料和村基本建设设施。某些主要生产工具和设备,虽然单位价值低于 500元的单价标准,但使用期限在 1 年以上的,也可以列为固定资产。

为保证集体资产的安全、完整和有效使用,村集体经济组织应当加强对固定资产的管理和控制。一般来说,应该做好以下方面的工作:

1. 建立固定资产管理制度。建立健全固定资产购买、保管、使用和内部控制制度,明确固定资产的购置审批程序,避免决策失误;固定资产购买、保管、使用落实专人负责,建立岗位责任制,并定期对固定资产进行盘点清查,做到账实相符。

2. 设置固定资产管理账册,并及时登记固定资产的变动情况。除建立固定资产明细账外,还要有固定资产实物管理卡片等辅助性的账册,随时登记其变动情况,具体掌握固定资产实际所在地点、价值状况,确保固定资产的安全。

3. 严格履行固定资产处置手续。村集体经济组织发生固定资产需处置时,如报废、出租、转让、对外投资等,应经村集体经济组织成员大会或代表会讨论通过,并进行公示,并严格履行会计手续,及时进行账务处理。

问题 28:村集体经济组织可以用什么去投资?

答:投资是组织或个人为了将来获得更多的收益,把资金或资产投入到生产经营性的项目中去获利的行为。村集体经济组织可以用货币资金、土地使用权、农业资产、林木所有权、房屋建筑物等进行投资。比较常用的投资方式有投资办实业,购买股票、债券,银行存款或出借资金。

1. 投资办实业,指投资办企业、种养殖业、服务业、矿产业、捕捞业等实际产业。可以以联营、合资经营或合作经营等形式,用货币资金、固定资产、农业资产或无形资产等形式进行投资。

2. 投资债券,是指通过购买债券向融资单位进行投资并获取债券利息的行为。主要有购买财政部发行的国债、企业债券,一般来说,购买国债风险低、利息也相对低,购买企业债券风险高、利息也相对高些。

3. 投资股票,是指通过购买上市公司的股票进行投资;可以作为公司发起人直接投资原始股票,也可以在证券市场上通过公开购买上市公司发行的股票。投资购买后,可以享受到股票的股利和股票涨价的收益,但也承担股价下跌和公司倒闭引起的投资损失。股票涨跌频繁,风险较大,股票交易所经常提示:股票有风险,投资需谨慎。

4. 银行存款。将剩余的资金存到银行,获取利息收入,也是一种投资。银行存款有活期存款和定期存款,定期存款的不同的存款期限有不同的利息收入。

5. 出借资金。将闲置的资金以协议方式借给需要资金的单位或个人,收取资金占用费,一般来说,资金占用费要比银行存款利息要高,可以获取更多的收益,但风险比存在银行高,如果借出的资金占用费率高于银行同期借款利率4倍,则不受国家法律保护。

问题 29:如何合理地进行银行存款投资?

答:村集体经济组织或个人把剩余资金存入银行,既能保证本金,又能获得利息,是众多人的投资选择。在选择以银行存款方式投资时,需考虑两个因素:一是存款的利息,即增值额。在存款数额既定条件下,利息取决于存款利息率、存款期限和存款方式。期限越长,利率越高,则获利越多;反之,则相反。不同的存款方式,获利也不同,如定期、零存整取和活期等3种存款方式,若存期相同,获利高者为定期存款,次之者为零存整取,最低者为活期存款。二是用款的需要,虽然同样的存款金额和存期,定期高于活期,但定期需等到约定日期取款,才能获得约定的利息,如果提前支取,其按活期存款计息。因此,储户去银行存款需结合自身资金现状、用款需要和不同存款方式优缺点,综合考虑决定。另外,还需注意,当银行利率低于物价上涨幅度时,会使银行的本息贬值而存在风险。

👉 **问题 30：投资债券与投资股票相比有什么好处？**

答：投资债券是用现金购买政府或企业发行的债券，按约定期限收取利息、到期收回本金，与投资股票相比有以下好处：

1. 本金安全性高，风险比投资股票小。如果购买政府发行的债券，由于有国家财力作保证，本金的安全性高；如果购买的是企业债券，当企业破产时，债券持有者拥有优先清偿权，本金的损失相对较小。投资股票，本金不一定保证，当股价跌破发行价或买入价时，就会损失本金。

2. 利息收入稳定。债券的发行人有按期支付利息的法定义务，在债券发行单位正常的经济情况下，债券投资者都能获得比较稳定的利息收入。股票以分派股利方式获得收益或从股票市场高卖赚取收益。股票受企业经营状况和股票市场波动影响，收益不确定。

3. 市场流动性较好。特别是政府和大企业的债券都可以在金融市场上流动，当村集体经济组织急需现金时可以迅速出售债券换回现金，一般情况下，不会影响单位现金的使用。

一般情况下，企业发行的债券利息要高于银行存款的利息，在没有金融危机情况发生或金融市场相对稳定的情况下，进行债券投资可以获得较稳定的收益。

👉 **问题 31：村集体经济组织在对外投资时要考虑哪些因素？**

答：村集体经济组织在对外投资时，对于不同投资类型的选择要从以下几个方面考虑：

1. 要考虑投资的目标和预期收益率。投资前首先要明确该项投资希望达到怎样的目标,即要达到多少的回报率。通常情况下,最低要达到银行存款的利息率。如果低于银行存款的利率,还是把钱存在银行更安全。

2. 风险态度和风险承受力。收益和风险通常是相关联的,风险大往往收益高,风险小则收益少。要想获得高收益往往要承担高风险。所以,在期望获取高收益时,一定要权衡风险承受能力。相对来说,股票风险最高,债券次之,风险最小的是银行存款。

3. 投资期限长短。投资期限的长短与投资方式的选择有直接关系,比如投资期限为 5 年以上,可以选择有预期高收益的长期实体企业投资、长期债券投资;投资期限在一年以下,可以选择短期的投资,如银行一年以下的定期或活期存款;股市行情好的时候,可选择股票投资;也可以选择流动性好的短期债券投资。

问题 32:农民家庭理财投资如何实现保值增值?

答: 现代农村家庭或多或少会有一定数量的剩余货币资金,怎样投资才能获取保值增值呢? 一般是按照获利大、风险小的投资原则,合理安排投资方向。比较典型的投资经验是"三分投资法",即可以将家庭可用于投资的钱,平均分为三份:一份存放银行,以防不测之急用,并获利息;一份用于购买股票、债券、黄金等,以保值和获得超过银行存款利息以上的收益;一份用来购置如房屋之类的不动产,防止货币贬值。三分法投资结果是资产持有多样化,达到保值增值的效果。别把所有的鸡蛋装在一个篮子里,说的就是这个道理。不同的资产给家庭带来的风险与收益是不同的。比如，储蓄、债券能获得固定收益，但收益较低；而股票收益大大超出债券，但风险也相对要大些；购买房产可以防止货币贬值；持有现金虽不带来货币收益，但流动性高，可解决急用。资产分散，风险也分散，总风险最小，总收益也就最大。

问题 33：村集体经济组织投资办实业可从哪些方面去筹集资金？

答：村集体经济组织投资办实业可从以下几方面去筹集资金：

1. 吸收投资。以吸收投资方式向外单位和个人筹集资金。这是村集体经济组织通过各种渠道吸收的用于生产经营并可长期使用的资本，是对本村集体经济组织的投资，列为村集体经济的自有资金管理。这种筹资方式虽然会增加生产经营和社会管理所需的资金，但是在取得外来投资的同时，将来的收益要分配给投资人。

2. 借款。向商业银行、信用社以及其他企业和个人借款。向商业银行、信用社等借款，利息比较低、借款数额大，是村集体组织重要的资金来源，但借款的信用条件相对高，需要资产抵押、担保等方式。村集体经济组织还可以从其他企业和个人借入资金，利息比较高，借款的额度也有限。

3. 争取国家拨款或贴息贷款。国家对农村事业无偿拨款资金比较多，要运用国家对农村的优惠政策，争取国家拨款或贴息贷款。如"一事一议"资金、农田水利资金、环境整治资金等。

问题 34：村委会在组织资金筹集时要遵循哪些基本要求？

答：为了经济有效地筹集资金，村委会在组织筹资时要在遵守民主理财和一事一议管理制度下，考虑以下基本要求：

1. 合法性。村集体的筹资活动，涉及相关主体的经济权益。为此，必须遵守国家有关法律法规，依法履行约定的责任，维护有关各方的合法权益，避免非法筹资行为而给村集体及相关主体造成损失。

2. 效益性。村集体经济组织筹资与投资在效益上应当相互权衡。要通过投资收益与投资成本的比较，来决定是否要进行筹资。因此，村集体在筹资活动中，一方面要认真分析投资机会，讲究投资效益，避免不顾投资效益的盲目筹资；另一方面，由于不同筹资方式的成本不相同，需要综合研究各种筹资方式，寻求最优的筹资组合，以便降低筹资成本，经济有效地筹集资本。

3. 合理性。村集体筹资必须合理确定所需筹资的数额。不论村集体通过哪些筹资渠道，都要预先确定筹资的数额。筹资要有合理的限度，做到筹资的数额与投资所需数额应当平衡，避免筹资不足而影响投资活动或筹资数额过剩而影响筹资效益，特别要注意借款筹资的还款能力。

4. 及时性。村集体筹资必须根据村集体经济投资时间安排予以筹划，使筹资与投资在时间上相协调，避免筹资过早而造成投资前的资金闲置或筹资滞后而贻误投资的有利时机。

问题 35：借款筹资有什么特点和需要注意的事项？

答：借款是村集体组织依法取得并依约运行，需要按期偿还的资金。借款筹资具有如下特点：筹集的资金具有使用上的时间限制，需要到期偿还；无论村集体组织经营效果好坏，需要支付固定的债务利息；与外来投资相比，借款筹资中出借人无经营管理权，也参加利润分配。

借款筹资要注意以下事项：一是按照资金使用时间长短的不同，区分为短期借款筹资和长期借款筹资。短期借款，期限一般不超过 1 年，主要是用于解决村集体组织所遇到的短期资金不足的临时困难。长期借款筹资时间超过 1 年，村集体组织在生产经营过程中需要购置固定资产、进行基本建设项目时，可以向银行借入长期款项。由于长期借款一般需要的贷款金额较大，并且将来的还款压力也大，会在较长时间内对村集体经济组织产生影响，因此需要村集体组织事前做好借款的可行性研究，特别是经济效益的测算，并要经过领导集体决策和民主理财小组的审核，并对全体村民公示。

问题 36：村集体经济组织怎样取得和归还银行借款？

答：村集体经济组织向银行借款，无论短期借款，还是长期借款，取得的程序基本相同。其一般程序如下：

第一，提出借款申请。村集体经济组织要向银行借入款项，首先要按照银行的借款要求，提出借款申请。目前，服务农村的银行和非银行金融机构较多，各家银行对提供借款的要求也不尽相同，村财务人员应当熟悉拟借款银行的有关条款，按照银行的要求提交借款申请。一般情况下，借款申请应该包括如下内容：借款种类、数量、用途、借款原因、还款日期、抵押品相关证明等。此外，有的银行还要求借款人提供资产负债表和相关的财务指标，对这些要求，村财务也应该积极提供。

第二，银行受理并审查借款申请。银行接到借款申请后，要对借款人的资信情况和申请书进行审查和了解，一般包括：村集体经济组织的经济状况和信用情况；借款的用途和原因；借款人的产品销售情况和物资保证情况；借款人的资本周转情况。

第三，签订借款合同。在借款合同中，一般应明确规定借款种类、借款金额、款项发放时间、还款期限、利息数额及利息支付方式、还款方式、违约责任等内容。

第四，取得贷款。借款合同签订后，银行按照合同规定向村集体组织划拨借款，村集体组织取得贷款后，要按照合同的要求使用贷款。银行发放贷款后，会进行定期或不定期的检查，包括村集体组织对借款的使用情况、使用效益及偿债能力。

第五，归还贷款。在借款到期前，村集体组织应该积极做好还款准备，并按期及时归还。若由于种种原因导致借款不能按期归还时，村集体经济组织应提前向银行说明，并提前办理借款展期的有关手续，每笔借款只能展期一次。如果不提前到银行办理借款展期，往往会影响借款人的银行信用，会严重影响村集体经济组织的信誉，以至于影响以后借款。

问题 37："一事一议资金"筹集的目的是什么？

答：村集体组织为兴办村内农田水利基本建设、村内道路修建和维护、植树造林，以及村民认为需要兴办的集体生产、生活等其他公益事业项目可以采取"一事一议"资金筹集的方式。一事一议资金需按照政策规定，并经有关部门批准，这是现时村集体经济组织举办公益事业的主要资金来源渠道，其主要目的是：兴办村内农田水利基本建设、村内道路修建和维护、人畜饮水工程、植树造林、农业综合开发等有关的土地治理项目，以及村民认为需要兴办的集体生产、生活等其他公益事业项目。

问题 38："一事一议"资金筹集要遵循什么原则？

答："一事一议"资金筹集的形式有筹资和筹劳两种。但无论是哪种形式，都应该遵循"量力而行、村民受益、民主决策、上限控制"的原则。

量力而行就是要考虑本村的经济实力和村民的承受能力；村民受益是指能给村民带来直接的物质精神利益或间接的社会效益；民主决策是指向村民筹资筹劳项目、数额等事项，由村集体经济组织提出预案，提交村民大会或村民代表大会讨论通过；上限控制是指向村民筹资筹劳要有一定的限度，实行上限控制，所筹资金和劳务每人每年不得超过规定上限标准，并不得固定进行筹资及筹劳。同时，对一些特殊的农户，如五保户、现役军人、在校就读学生等，还可以实行免交的政策。

问题 39："一事一议"资金筹集的基本程序是怎样的？

答：村集体经济组织筹集"一事一议"资金的基本程序是：

1. 村集体经济组织提出预算方案。首先可由村民委员会提出筹资筹劳事项,也可由 1/10 以上的村民或者 1/5 以上的村民代表联名提出。对提出的筹资筹劳事项,应进行充分讨论,做好预算,并将情况向村民公告,广泛征求意见。

2. 提交村民代表大会或村民大会讨论通过。召开村民代表大会,应当有代表本村 2/3 以上农户的代表参加;如果召开村民会议,应当有本村 18 周岁以上的村民过半数参加,或者有本村 2/3 以上农户的代表参加。筹资筹劳方案应当经到会人员的过半数通过。村民代表会议表决时,按一户一票进行,所作方案应当经到会村民代表所代表的户数过半数通过。

3. 筹资筹劳预算方案讨论通过后向全体成员公示。

4. 经乡(镇)人民政府批准,并报相关监督管理部门备案。

问题 40:怎样做好"一事一议"资金的使用管理?

答: 做好"一事一议"资金的使用管理要做到:

1. 专款专用。由于"一事一议"资金事关村民的切身利益,应该专设账户,专门管理,单独核算,更要专款专用。村民主理财小组要负责对筹资筹劳实行事前、事中、事后全程监督,并定期张榜公布,接受村民监督。

2. 保护好资金的安全完整。加强日常会计核算管理,保护资产安全完整,任何单位或个人不得挪用"一事一议"所筹资金和劳务。

3. 注重资金使用效果。由于"一事一议"资金是从村民手里筹集的,涉及广大村民的眼前利益,而形成的资产又涉及村集体经济组织和村民的长远利益,为了保证资金的合理使用,对使用过程中的敏感问题,如工程施工单位和设备购买单位的选择等,要按照正规的方式进行招投标,避免暗箱操作,并在使用过程中科学管理,使资金得到最好的使用效益。

第 *3* 章　收益与分配管理

问题 41：村集体经济组织有哪些收入？管理上应遵循什么原则？

答：村集体经济组织收入是指村集体经济组织在销售产品、提供劳务及转让资产使用权等日常活动中及政府补助等形成的经济利益的总流入，包括经营收入、承包及上交收入、补助收入、投资收益和其他收入。为第三方或客户代收的款项，如为上级有关部门代收的费用、"一事一议"专项资金收款、村集体经济组织暂时替外单位代收的款项等，都不能计入收入之中。

村集体经济组织收入的管理要按照及时收足收齐、全额入账的原则，不得隐瞒收入，不准在账外设账，不准私设"小金库"。

问题 42：什么是经营收入？经营收入应在什么时候确认收入的实现？

答：经营收入是指村集体经济组织通过各项生产经营活动，对外提供产品、劳务所取得的收入，具体包括：农产品销售收入、工业品销售收入、对外提供劳务收入、出租财产物资收入等。

村集体经济组织一般应于产品物资已经发出，劳务已经提供,同时收讫价款或取得收取价款的凭据时,确认经营收入的实现。其特点是产品所有权已经转移或者劳务过程已经完成或部分完成,又得到了收取价款的权利,当两者都具备时,收入才算成立,会计可以作为收入入账。对于跨年度提供劳务的,要按照本年度完成的百分比确认劳务收入。如为建筑工地提供劳务,当工程是跨年度施工时,就可以按照本年度完成的工程量同总工程量的百分比来确认本年度劳务收入。

问题 43:什么是承包及上交收入？承包及上交收入应在什么时候确认收入的实现？

答:承包及上交收入包括承包收入和上交收入两部分。承包收入是指村集体经济组织通过将集体资产承包给农户或其他单位和个人,按合同规定取得的承包收入。如把村集体耕地、荒地、山林、果园、塘库或其他场所承包给个人向其收取的承包费。上交收入是指村办企业或与村集体经济组织有一定关系的企业及单位向村集体经济组织上交的利润或其他款项。

村集体经济组织在收到农户、承包单位上交的承包金及村办企业上交的利润或取得收取款项的凭据时,确认承包及上交收入的实现。如果在年终有应交未交的承包收入,应在确认收入的同时,将未交数作为应收款处理。

问题 44:财政补助收入在使用管理上有何规定？

答:财政补助收入是各级财政部门在农村实施税费改革之后,为保障农村基层组织的正常运转,每年按照国家支农惠农政策向各村集体经济组织拨付的财政补助款项,包括财政转移支付资金及其他补助资金。对于财政补助收入都有规定的使用用途。其中,财政转移支付资金只能用于农村干部补贴、日常办公经费和"五保户"补助。其他补助资金,如大豆、小麦、水稻等良种补贴,粮食种植补贴,超过机具价格 30％的农业机械购置补贴,退耕还林补助,植树绿化补助,防火护林补助等,都应按国家政策规定的用途使用和支付。村集体经济组织在实际收到上级有关部门的补助款时直接确认补助收入的实现。

问题 45：投资收益与其他收入包含哪些内容?

答：投资收益是指村集体经济组织根据国家法律、法规的规定,将资金、实物资产投入到一定的项目或把这些资产借给对方使用而获得的投资收入扣除发生的投资损失后的数额。投资收入包括对外投资分得的利润、现金股利和债券利息,以及投资到期收回或者中途转让取得款项高于账面价值的差额;投资损失包括投资到期收回或者中途转让取得款项低于账面价值的差额。村集体经济组织可以用来投资的资源主要有资金、土地使用权、林地经营权和林木所有权、农业资产、固定资产和无形资产等。

其他收入是指村集体经济组织收到的与生产经营无直接关系的收入,如罚款收入、存款利息收入、固定资产清理净收益、发生资产损失后保险公司赔款超过损失的资产账面价值的数额、无法归还的应付款和借款等。村集体经济组织"其他收入"在发生固定资产、产品物资盘盈,实际收到利息、罚款等款项时,确认收入的实现。

问题 46：村集体经济组织应如何加强对收入的管理工作？

答：村集体经济组织要加强收入管理，一般来说，要抓好以下几方面的工作：

1. 要建立健全销售与收款业务内容控制制度。明确收款、发货和经办人的职责，明确审批人、经办人的权限、程序和相关控制措施，不得由同一人办理销售与收款业务的全过程，保证货款及时完整地收到并入账，防止货款流失；要按照规定的程序办理销售和发货业务，在销售和发货各环节设置相关的记录、填制相应的凭证，并加强有关单据和凭证的相互核对工作；要定期不定期地监督检查销售与收款业务内部控制执行情况，对发现的薄弱环节和问题应当及时采取措施，加以纠正和完善。

2. 正确划分收入界限。要分清村集体经济组织收入与承包者收入的界限。村集体经济组织发包给承包者经营，并由承包者独立核算、自负盈亏的项目，所发生收入由承包者核算。村集体经济组织仅将承包者上交的承包费和企业上交的利润纳入收入核算。村集体经济组织未发包的各项生产经营和服务项目所发生的收入，都属于村集体经济组织的收入。

3. 村集体经济组织应当加强销售合同、发货凭证、运货凭证、销售发票等文件和凭证的管理，特别是要注意把好合同签订和履约两道关。

问题 47：村集体经济组织有哪些支出？如何加强支出管理？

答：村集体经济组织支出是指村集体经济组织直接组

织生产或提供劳务及各项活动中产生的成本、费用,包括经营支出、管理费支出和其他支出。加强支出管理要着重做好以下工作:

1. 村级集体经济组织应严格控制非生产性支出。对村干部的通信、交通等非生产性支出要实行限额控制,具体限额标准由街道结合实际情况作出规定。

2. 村集体经济组织各项支出原则上应取得合法、规范的支出票据,对确因客观情况不能取得合法、规范的票据凭证且金额较小的,可由收款方出具自制的内容齐全的原始凭证,具体金额按县或乡镇制定标准执行,原则上不得使用无据支出凭证报销。

3. 村级集体经济组织的支出票据,必须写明用途并由经手人签名、证明人签证,会计和村民理财小组审核、审批人审批后,出纳付款。如果支出是实行乡镇、街道集中核算、代理记账的,上报乡镇、街道村级财务服务中心审核,审核合格后,再由代理会计登记入账。对不符合要求的,要及时退回补办手续,支出票据原则上应在一个会计期内报销,对于跨年度,明确注明无效的凭证,不得报销。

问题 48:经营支出、管理费用、其他支出各包含哪些内容?它们的本质区别在哪里?

答:根据《村集体经济组织会计制度》规定,经营支出、管理费用、其他支出包含下列内容:

1. 经营支出是指村集体经济组织因销售商品、农产品、对外提供劳务等活动而发生的实际支出,包括销售商品或农产品的成本、销售牲畜或林木的成本、对外提供劳务的成本、维修费、运输费、保险费、以及用于产仔和农副业生产的牲畜饲养费用及其成本摊销、经济林木投产后的管护费用及其成本摊销等。

2. 管理费用主要是指村集体经济组织在从事各项管理活动中发生的各项支出,包括管理人员工资、办公费、差旅费,以及管理用固定资产的折旧和维修费。

3. 其他支出主要是指村集体经济组织发生的与生产经营活动无直接关系的间接性支出,包括利息支出、农业资产的死亡毁损支出、固定资产及库存物资的盘亏和损失、无法收回的应收账款,以及应由集体经济承担的罚款支出等。

经营支出、管理费用、其他支出都是村集体经济组织的支出,它们的本质区别在于:① 是否与生产经营直接相关;② 从加强管理的角度来看,经营支出与其他支出通过是否与生产经营直接相关来区分,经营支出与生产经营直接相关,其他支出与生产经营活动无直接关系;经营支出与管理费用是从加强管理上来区分,经营支出属于生产经营的成本,与业务量成正比例关系,如果成比例增减是正常的,不成比例增减则是有原因的,需要查明原因;管理费用则是相对固定的,不一定与业务量成正比例关系,如果成比例增减是不正常的,需要查明原因。

问题 49:村集体经济组织的公积公益金从哪里取得,使用到哪里去?

答:公积公益金是村集体经济组织按照规定从收益中提取的或从其他渠道取得。公积公益金的主要来源渠道包括:

1. 村集体经济组织在筹集资金时,投资者实际出资额超过约定资本金比例的那部分差额;

2. 村集体经济组织接受捐赠的资产及有关部门无偿拨付的专项款项;

3. 村集体经济组织收到的土地征用补偿费及拍卖荒山、荒坡、荒滩和荒地等使用权得到的款项;

4. 村集体经济组织使用"一事一议"资金结余时转增公积公益金;

5. 村集体经济组织以固定资产形式对外进行投资时,双方协议价高于账面净值的差额;

6. 村集体经济组织按规定从收益中提取的公积公益金。

村集体经济组织的公积公益金用于扩大再生产、承担经营风险和集体文化、福利、卫生等公益事业设施建设的专用基金。

问题 50：村集体经济组织收益分配应按照什么顺序进行?

答:村集体经济组织当年可供分配的收益总额包括本年度实现的收益总额和年初未分配收益,应按照以下顺序进行分配:

1. 提取公积金、公益金。公积金是用于发展生产、转增资本和弥补亏损的资金,是壮大集体经济、增强综合服务功能的重要资金来源,也是集体资产的一个重要组成部分。公益金主要用于集体福利等公益性设施建设,包括兴建学校、医疗站、福利院、电影院、幼儿园、自来水设施等。每年按比例提取后,要做到有计划地使用,专款专用。提取比例也由各村根据实际情况自行确定。

2. 提取福利费。福利费主要用于集体福利、文教、卫生等方面的支出,包括照顾军烈属、"五保户"支出、困难户支出、计划生育支出、农民因公伤亡的医药费、生活补助及抚恤金等,不包括兴建集体福利等公益性设施支出。福利费可用于村民个人福利和救济,不能用于构建公益性设施,不能和公益金相混淆,要保证专款专用。

3. 向投资者分配。向投资者进行收益分配是指按照出资合同、协议和章程的规定,应分配给投资者的收益。

4. 向村民分配。向村民分配是指分配给村民的那部分收益,农村集体经济组织当年实现的收益归全体成员所有,对收益在缴纳国家税金,提取公共积累后,经全体成员同意,可向成员进行分配,分配多少、分配的形式,由村集体组织自行确定。

5. 其他。其他收益分配是指上述分配未包括的事项。如村集体实行自己补贴农业的办法,即按收益的一定比例建立补贴农业基金,用于农业设施建设和农业生产补贴。

经上述收益分配后,剩余的收益即为本年的未分配收益,可留待下一年度分配。

问题 51：村集体经济组织收益分配的程序是怎样的？

答：村集体经济组织收益分配应按照以下程序进行：

1. 分配前的准备工作

（1）全面清理资产。在收益分配方案编制前,要对各项财产物资,包括现金、银行存款、有价证券、固定资产、产品物资,以及各项投资和债权债务进行全面清查核实。清查的结果与账面核对,如有盈亏,要查明原因,明确责任,经讨论批准后,按情况分别作出妥善处理,并对有关账户进行调整,达到账实、账款、账账、账表相符。

(2) 做好承包合同和其他经济合同的结算和兑现。村集体对每个承包项目、每个承包单位、每个承包合同,都要进行认真检查核实,结算清楚,并要张榜公布,接受广大村民的监督。对于未按规定兑现的,要采取措施,抓紧催收;对确有困难和特殊原因一时无法兑清的,要在协商的基础上办理入账手续,金额纳入账内核算。在合同结算过程中遇到的难题,要交村委会集体讨论处理,对重大问题,应交村民代表或村民大会讨论处理。

(3) 清理和核实全年的收入和支出。村财务人员应严格按照财务会计制度的规定,认真核实当年的各项收支,保证入账手续的真实性、合理性和完整性。对核实的结果要张榜公布,接受监督。

(4) 清理和核实债权债务。对各项债权债务要进行清理核对,及时结算和组织催收或偿还,并按规定做好账务处理,以明确债权,偿还债务,压缩陈欠。对应属于当年可供分配的应计收入和应计支出,应进行结算转账;对集体垫付的水、电、机耕等费用,要与农户进行核对,属于应由农户负担的费用,要分摊到户,及时结算。任何人不得擅自决定应收款项的减免,导致集体资产的流失。

(5) 全面清理和核实集体经营用工。用工是支付劳动报酬的依据。在年终收益分配时,各种用工以及应付劳动报酬都要列入收益分配方案,凡属劳动积累工和义务工的要兑现找补。

(6) 民主商定各项收益分配的具体方案。村集体应根据财会人员提供的当年账务状况和经营成果及其他会计信息资料,正确贯彻执行在收益分配问题上的各方利益兼顾和按劳分配为主等分配原则,民主审议确定当年度收益分配的各项具体方案。

2. 编制收益分配方案

村集体年终收益的分配,是通过编制收益分配方案来进行的,包括收益分配总方案和农户分配明细表。收益分配总方案反映村集体全年生产经营成果及其分配情况。农户分配明细表主要反映对农户的分配结算情况。

3. 组织分配兑现

村集体编制的收益分配总方案要报送乡镇经管部门审查,重点审查其合法性、合理性、政策性和真实性等方面;审查后,再经村民大会或村民代表大会讨论通过后执行,然后组织各项分配工作,结算兑现。年终收益分配工作结束后,要将收益分配情况在村内张榜公布,接受群众的监督。

第 4 章　会计核算基础知识

问题 52：会计工作要承担哪些基本职能？

答：会计是经济管理的基本工具，是经济核算的基本手段，具有核算和监督两大基本职能。

会计核算是对企业经济活动及其成果的反映，简单地说是记账、算账、报账。运用会计核算的方法对各单位已发生的经济活动进行完整的、连续的、系统的核算。专门的核算方法有：① 设置会计科目；② 复式记账；③ 填制和审核凭证；④ 登记账簿；⑤ 成本计算；⑥ 财产清查；⑦ 编制会计报表。

会计监督是指会计对企业经济活动的控制，以完善内部控制制度为基础，监督资金运动过程。从资金筹集到投资、营运过程中所发生的商品采购、销售、产品研究开发、工程投资、资产管理、对外担保、业务外包，通过内部牵制、财务预算、合同管理、信息系统控制等手段来实现有效监督。

问题 53：会计人员要做好会计工作，应遵守哪些会计原则？

答：会计原则是根据会计核算的基本要求做出的规定，是对会计核算基本规律的高度概括和总结，是会计核算的基础。会计人员要做好会计工作，应当遵循以下会计原则：真实性、相关性、可比性、一贯性、及时性、明晰性、权责发生制、配比、历史成本计价、实质重于形式、划分收益性支出与资本性支出、重要性、谨慎性等。

问题 54：会计假设是什么意思？

答：会计制度是财政部制订的，供全国所有企业使用。在制订会计制度前，必须要解决会计核算的基本问题，首先对基本问题做出假设。我国财务会计的假设有四项：会计主体、持续经营、会计分期、货币计量。

1. 会计主体是指会计工作所服务的特定单位或组织。会计主体的三个条件：① 具有一定数量的资金；② 进行独立的生产经营活动或其他活动；③ 实行独立核算。

2. 持续经营指会计主体的生产经营活动将会按既定目标正常地持续进行下去，在可以预见的将来，企业不会面临破产、清算。

3. 会计分期是指为及时提供有关企业财务状况和经营成果的会计信息，将连续不断的经营活动分割为若干相等月、季、年来反映。企业会计分期为：年度、半年度、季度、月度。年度、季度和月份的起讫日期采用公历日期，即年度为 12 月 31 日、半年度为 6 月 30 日，季度为季末月份的最后一天，月度为每月最后一天。

4. 货币计量是指企业的生产经营活动及其成果可以运用货币单位进行计量与反映，且其币值不变。我国会计核算以人民币为记账本位币；外币业务为主的，也可以外币为记账本位币，但会计报表要折算成人民币报送。

问题 55：权责发生制、收付实现制在会计核算上起什么作用？

答：权责发生制、收付实现制在会计核算上起基础性作用，是会计报表的编制基础。

1. 权责发生制是以应收应付作为标准确定本期收入和费用，以计算本期盈亏，凡是当期已经实现的收入和已经发生或应当负担的费用，不论款项是否收付，都应当作为当期的收入和费用；凡是不属于当期的收入和费用，即使款项已在当期收付，都不应作为当期的收入和费用。企业资产负债表和利润表，都以权责发生制为基础编制。

2. 收付实现制是以款项的实际收款、付款为标准确定本期收入和费用，计算本期盈亏。在现金收付的基础下，凡在本期实际以现款付出的费用，均应作为本期费用处理；凡在本期实际收到的现款收入，不论其是否属于本期均应作为本期收入处理。企业现金流量表，以收付实现制为基础编制。

问题 56：会计要素是什么意思？会计要素是做什么用的？

答：会计要素是对经济业务内容按经济特征所进行的基本分类，会计要素构成会计等式，用于设计会计报表。企业会计要素为资产、负债、所有者权益、收入、费用、利润。资产、负债、所有者权益是构成资产负债表的会计要素，体现基本产权关系，资产负债表计算公式：资产＝负债＋所有者权益；收入、费用、利润是构成利润表的会计要素，反映经营中利润，利润表计算公式：收入－费用＝利润。

问题 57：村集体经济组织资产、负债是如何分类的？

答：资产是由过去的交易、事项形成并由村集体经济组织拥有或控制的资源，该资源预期会给其带来经济利益。村集体经济组织资产可分为：流动资产、农业资产、长期资产、固定资产。现金、银行存款、农产品、牲畜等，都可以为村集体经济组织带来经济利益，尽管它们的形式不同，但都是村集体经济组织的资产。

负债是由过去的交易、事项形成的现时义务，履行该业务预期会导致经济利益流出村集体经济组织。村集体经济组织负债分为流动负债和长期负债。流动负债是指一年内或一个营业周期内偿还的债务，长期负债是指偿债期限超过一年或一个营业周期的负债。

问题 58：所有者权益与收益是什么关系？村集体经济收益是怎样计算的？

答：所有者权益是所有者在经济组织的资产中享有的所有权份额，其金额为资产减负债后的余额，包括资本、公积公益金、未分配利润。收益是指经济组织在一定会计期间的经营成果，是当年的各项收入扣除应由当年收入补偿的各项费用后的余额。收益在未分配之前属于所有者权益的组成部分，在所有者权益的"未分配利润"中反映。

村集体经济收益按下列公式计算：

收益＝经营收入＋发包及上交收入＋投资收益－经营支出－管理费用＋补助收入＋其他收入－其他支出

　　问题 59：什么叫复式记账法？请举例说明基本原理。

　　答：复式记账法是指将发生的每笔经济业务，都以相等的金额，同时在两个或两个以上相互联系的账户中进行登记的记账方法。例如，购买一台收割机 2 万元，用银行存款去支付，会计做账要在"固定资产"账户上登记增加 2 万元，同时在"银行存款"账户中登记减少 2 万元。我国曾经使用过的复试记账法有收付记账法、增减记账法、借贷记账法，现在统一使用借贷记账法。

　　问题 60：什么是借贷记账法？

　　答：借贷记账法是以"借"、"贷"二字作为记账符号，以"有借必有贷、借贷必相等"为记账规则，来反映经济业务增减变化的一种复式记账方法。在借贷记账法下，账户分为左右两个基本部分，账户的左方为借方，右方为贷方。借方登记资产、费用增加，负债、所有者权益、收入减少；贷方登记负债、所有者权益、收入增加，资产、费用减少。如表 4-1 所示。

表 4-1　借贷记账法

借　方	贷　方
1. 资产、费用增加 2. 负债、所有者权益、收入减少	1. 负债、所有者权益、收入增加 2. 资产、费用减少

　　问题 61：什么是会计科目？村集体经济会计科目是怎样分类的？

　　答：会计科目是为了对各种经济业务事项，按照会计要素进一步细分所形成的若干项目,用于填制记账凭证、开设会计账户、编制会计报表。根据会计要素包含不同的经济内容,《村集体经济会计制度》把会计科目分为资产类、负债类、所有者权益类、成本类、损益类。如资产科目具体可细分为现金、银行存款、短期投资、应收款、库存物资、畜牧资产、林木资产、长期投资、固定投资、在建工程,负债类科目分为短期借款、应付款、应付工资、应付福利费、长期借款及应付款、一事一议资金;成本类科目只有一个科目:生产(劳务)成本;损益类科目分为经营收入、经营支出、发包及上交收入、农业税附加返还收入、补助收入、管理费用、其他收入、投资收益等。

问题 62:什么是会计账户?

答:会计账户是指根据会计科目开设的,用来连续、系统、分类记录和反映经济业务变化的一种会计方法。会计账户设置是将会计科目写在具有一定格式和结构的账页上,用于登记某项经济业务的具体内容。会计账户根据账簿的不同使用要求,开设在总账的账户叫总账账户,开设在明细账上的账户叫明细分类账户,开设在现金日记账、银行存款日账上的账户叫序时账户。

借贷记账法的账户基本结构分为借方、贷方、余额。每个账户在具体核算中都要计算出余额,各类账户余额的计算公式如下:

1. 资产、成本费用类账户期末余额＝期初借方余额＋本期借方发生额－本期贷方发生额

2. 负债、所有者权益、收入类账户期末余额＝期初贷

方余额＋本期贷方发生额－本期借方发生额

问题 63：什么是会计凭证？常用的会计凭证分哪几类？

答：会计凭证是记录经济业务、明确经济责任的书面证明材料，是登记账簿的依据。会计凭证按其填制程序和用途可以分为原始凭证和记账凭证。

1. 原始凭证是在经济业务发生时取得或填制的，表明经济业务的执行或完成情况的书面证明，如购货发票、销售发票、银行单据等。本单位自己填制的叫自制原始凭证，从外单位取得的叫外来原始凭证。

2. 记账凭证是由会计部门根据原始凭证或者原始凭证汇总表编制的，用来登记账簿的凭证。有些会计事项填制记账凭证不需要原始凭证，会计人员根据账簿记录的数据编制记账凭证，如更正错账、期末账户结转等。记账凭证按其使用范围不同可以分为通用凭证和专用凭证两种：

（1）通用凭证，是指所有业务都用同一种格式编制的凭证，适用于会计人员少的单位。

（2）专用凭证。根据经济业务内容不同将记账凭证分为收款凭证、付款凭证和转账凭证，收款凭证用于收款业务，付款凭证用于付款业务，与收付款无关的业务都用转账凭证。适用于会计人员多，核算分工细的单位。

问题 64：发票能起什么作用？常用的发票有哪几种？

答：发票是指在购销商品、提供或者接受服务以及从事其他经营活动中，收款单位开给付款单位的结算凭证。

发票由省级以上税务机关监制,具有规定的格式。它是确定经营收支行为发生的法定凭证,是会计核算的原始凭证,是税务机关进行税源控管和开展税务稽查的重要依据,是发挥财税监督职能和维护社会经济秩序的重要工具,同时发票还是加强部门和行业管理的重要手段,是购货合同的权益证明,是保护消费者合法权益的有效凭证。

熟悉常用的发票对企业的经营和个人购买物品、劳务等都是需要的,按照税务管理机关的分类,常用的发票有以下几种:

1. 国家税务局管理的发票:增值税专用发票、增值税普通发票、农产品销售发票、企业统一收款收据。

2. 地方税务局管理的发票:交通运输、建筑安装、金融保险、邮政通信、文化体育、娱乐、服务、转让无形资产、销售不动产、广告及其他。

3. 财政部门管理的票据:非税收入统一票据、罚没财物统一收据、行政事业单位统一收据。

问题 65:什么是支票? 支票有哪几种?

答:支票是指由出票人签发的、委托办理支票存款业务的银行在见票时无条件支付确定的金额给收款人或持票人的票据。支票的基本当事人包括出票人、付款人和收款人。出票人即存款人,是在中国人民银行当地分支行批准办理支票业务的银行机构开立可以使用支票的存款账户的单位或个人;付款人是出票人的开户银行;收款人是在票面上填明的单位或个人。收款人可以在支票背面签章转让给其他人。支票可分为转账支票、现金支票和普通支票三种。

转账支票只能用于转账,不得支取现金;现金支票用于支取现金,也可以用于转账,不得背书转让;普通支票既可用于支取现金,也可以用于转账。支票的有效期为开票后的 10 天。

问题 66:支票的日期是怎么写的?

答:支票是结算的重要票据,并且有时效要求,为了防止人为变造票据的填写日期,套取结算资金,银行要求票据日期的书写必须使用大写汉字。如 2012 年 2 月 30 日,应写成:贰零壹贰年零贰月零叁拾日。要求在填写月、日时,月为壹、贰和壹拾的,日为壹至玖和壹拾、贰拾和叁拾的,应在其前加"零",日为拾壹至拾玖的,应在其前加"壹",如 2012 年 2 月 19 日,应写成:贰零壹贰年零贰月壹拾玖日。票据的出票日期使用小写的,银行不予受理。大写日期未按照规定填写的,银行可予受理,但由此造成的经济损失由出票人自行承担。

问题 67:开发票、支票等票据的金额书写要注意哪些基本规范?

答:开发票、支票等票据应注意以下规范:

1. 小写金额使用阿拉伯数字,要逐个书写,不得连写数字;小写金额前面要填写人民币符号"￥",且人民币符号"￥"与阿拉伯数字之间不得留有空白。金额数字一律填写到角分值;无角分值的,写"00";有角无分的,分位写"0"。

2. 大写金额数字使用汉字壹、贰、叁、肆、伍、陆、柒、捌、玖、拾、佰、仟、万、亿、元、角、分、零、整(正),不得使用一、二、三、四、五、六、七、八、九、十、圆、毛、另等汉字,且一律用正楷字体或者行书字体进行书写,票据大写金额前面未印有"人民币"字样的应加写"人民币"三个汉字,且人民币与大写金额之间不得留有空隙。大写金额到元或角为止的,后面加写汉字"整"或者"正";而有分值的,不加汉字"整"或者"正"。小写阿拉伯数字金额中间不管有多少个"0",其大写金额只写一个汉字"零"字;10~19数字要在拾的前面加"壹"。如￥2340016.80元,大写金额要写作:人民币贰佰叁拾肆万零壹拾陆元捌角整。

问题68:村集体经济组织如何加强发票、支票等重要票据的管理?

答:发票、支票等票据是村集体经济组织确定收入和支付的重要凭证,管理上应做到"购买登记、使用销号"。

1. 建立票据购买登记、使用销号制度。购买的发票、银行票据等印有号码的票据在购买和领用时,要在"发票登记簿、支票登记簿"登记票据名称、起止号码,一般是由会计登记、出纳领用。收入票据由乡镇街道等村级财务代理会计统一保管、村报账员(出纳)开具,在使用时村报账员向会计领取,并办理好领取手续。出纳使用票据后,会计要根据出纳结报的账单和票据存根逐笔对号核对,注销领用。票据要求连号连本使用,年末应对已使用而未使用完的收款收据剪角作废,不得跨年度使用。

2. 严禁转让、出借、赠送、代开、代用。"村级财务收入统一收据"、银行支票等都是登记专用的,不能转让、出借、赠送、代开、代用,禁止以其他各种收款收据代开村集体经济收入。

3. 收入票据限量审批领取。收入票据每村原则上只能领取一本,用完后以旧换新,并设专簿记录。如遇特殊情况,临时需领用多本的,须由村委会出具书面申请,村委会主任签名,并说明用途,多领的票据必须在一个月内报账结算,多余票据交回。

问题 69：什么是账簿? 账簿是怎样分类使用的?

答:账簿是由具有一定格式、相互连接的账页组成的,以会计凭证为依据,全面、连续、系统地记录和反映各项经济业务的簿籍。账簿根据用途不同,可分为总账、明细账、日记账。总账根据会计科目设置,是总括反映经济业务的账簿,为编制会计报表使用;明细账是分类详细反映经济业务情况,说明总账不能反映的经济业务的详细内容,同时,为编制会计报表提供明细资料;日记账也叫序时账,要求按照经济业务发生的顺序逐笔登记,日记账分为现金日记账和银行存款日记账。现金日记账用于登记现金的收付款业务,银行存款日记账用于登记银行存款的收付款业务,以实际收付款凭证逐笔登记,做到"日清月结"。村集体经济组织会计核算按照《村集体经济会计制度》和《会计基础工作规范》的要求,至少应建立现金日记账、银行存款日记账、总分类账和明细分类账。

问题 70：会计人员怎样选用账簿?

答:账簿选用要根据会计核算需要和国家的规定来选择,既符合会计法规的要求,又满足提供财务管理的数据,按照下述的基本方法选择:

1. 现金日记账、银行存款日记账必须选用订本式账簿。订本式账簿都印有页码,不能中间抽取,有利于货币资金的管理。如果有外币现金和存款的单位,要选择带有登记外币数量和折算汇率的现金日记账、银行存款日记账。

2. 总分类账一般是选择订本式的账簿,但可以使用三栏金额活页式账簿。

3. 明细分类账一般是活页式的账簿,根据是否登记数量的要求选择。需要登记数量的,选择数量金额式账页,也可以选择卡片式账页;不需要登记数量的选用三栏金额式、多栏金额式、平衡金额式账页。

问题 71:记账有什么基本要求?

答:账簿都是印刷好的,有规范的基本格式,登记账簿要求按账簿的内容填写,做到全面、准确、规范。

1. 全面。记账要按照账簿印制的格式要求,把需要写的账户名称、计量单位、日期、摘要、金额、借贷方向等全面填写,计算本期和累计发生的不能遗漏。

2. 准确。账簿登记的内容要做到准确:日期写准确、摘要和借贷方向写明确、数字计算正确。

3. 规范。记账要按规范的格式书写:

(1)除规定允许用红色墨水笔登账外,都要用蓝色或黑色墨水笔记账;

(2)不得跳行、隔页、刮擦、涂改,要按规定更正错账;

(3)结转下年、上年结转、转下页、承上页等承上启下的摘要不能遗漏;

(4)会计期间分开,月度、季度划单红线,年度划双红线;

(5)划线更正用单红线处要加盖更正人印章;

（6）会计人员中途移交，年度账簿要沿用，在交接期下方划单红线，加盖移交人印章。

问题 72：会计人员怎样做好对账工作？

答：对账是根据账簿记录进行的账证、账账、账实、账表核对工作，以保证会计核算正确和财物的安全管理。做好对账工作，会计出纳要把握以下环节：

1. 账证核对，是根据各种账簿记录与记账凭证及其所附的原始凭证进行核对。出纳人员登记的现金日记账和银行存款日记账要与收付款凭证、记账凭证核对相符；会计人员登记的总账要与科目汇总表核对相符，明细账要与记账凭证核对相符。

2. 账账核对，是指总账与分类明细账、日记账等账簿之间的发生额、余额所进行的核对，分类明细账与实物资产账之间的核对，做到账账相符。

3. 账实核对，是指各种财产物资的账面余额与实存数额相互核对。出纳的现金日记账每天要与库存现金核对相符、银行存款日记账要每月与银行实际存款的对账单核对相符，如有未达账项，要通过编制银行存款余额调节表调整相符；实物资产账的数量要与实物数量核对相符；往来账要与债权债务人实际债款数核对相符等。

4. 账表相符，是指会计报表的数据要与会计账簿的相关数据核对相符。会计人员在编制会计报表之前，必须在核对账账相符并试算平衡的基础上，再根据有关账户的余额和发生额编制会计报表，做到账表相符。

问题 73：什么叫未达账项？未达账项如何调整？

答：未达账项是由于企业和银行双方在记账时间上的不一致而引起的一方已经入账而另一方尚未入账的事项。企业和银行之间有四种情况可能会发生未达账项：

1. 企业已记存款增加，而银行尚未记账，如企业凭银行受理凭证回单记存款增加，但银行是跨行结算实际未收款入账；

2. 企业已记存款减少，而银行尚未记账，如企业开出支票给收款人，企业凭支票存根记存款减少，因为支票有效期限 10 天，收款人未送银行，银行未付款记账；

3. 银行已记存款增加，而企业尚未记账，如委托银行收款结算，银行收款后入账了，企业未拿到入账通知单而未入账；

4. 银行已记存款减少，而企业尚未记账，如银行贷款利息是银行从企业账户直接扣款的，银行已记存款减少，企业未拿到利息支付单据未记账。

对于未达账项，要采用编制银行存款余额调节表的方法进行调整，即以企业银行存款日记账和银行对账单余额为基础，各自加上对方已记增加而本单位尚未记账的事项，减去对方已记减少而本单位尚未记账的事项，调整后双方的余额是相等的。

问题 74：能否综合一下村集体经济会计核算的主要会计业务分录？

答：根据《村集体经济会计制度》的规定，就基本的经济业务按照货币资金收入、货币资金支付、会计转账进行分类综合如表 4 - 2 所示。

4－2　村集体经济组织主要经济业务会计分录表

业务分类	编号	摘　　要	借方科目	贷方科目
领取备用金	1	向××银行领取备用金	现金	银行存款
现金解银行	2	现金解××银行	银行存款	现金
货币资金收入业务	3	收到××投资资本金	现金或银行存款	资本
		收到捐赠款、资本溢价		公积公益金—事一议资金
		××业务收入		经营收入
		收到××发包款、上交款		发包及上交收入
		收到财政××项目补助资金		补助收入
		收到××(利息)收入		其他收入
		收到××对外投资分红		投资收益
		收到××欠货款		应收款
		收到××押金等		应付款
		收回为××垫付款		内部往来
		收到财政××专项资金		一事一议资金
		向××银行借款		短期借款

续　表

业务分类	编号	摘　　要	借方科目	贷方科目
货币资金付出业务	4	对外一年以内的××投资	短期投资	现金或银行存款
		对外一年以上的××投资	长期投资	
		支付××押金等	应付款	
		支付××暂借、垫付款	内部往来	
		购买××物资	库存物资	
		购买××牲畜、禽	牲畜（禽）资产	
		购买××林木	林木资产	
		购买××固定资产	固定资产	
		支付××固定资产清理费用	固定资产清理	
		支付××工程款	在建工程	
		归还借款本金	短期借款	
		向股东或村民分配红利	收益分配	
		发放工资	应付工资	
		支付福利费	应付福利费	
		退还押金	应付款	
		支付运费、保险费、修理费、养护费等与经营有关费用	经营支出	

业务分类	编号	摘　要	借方科目	贷方科目
货币资金付出业务	4	支付办公费、水电费、邮电费、招待费、差旅费等管理有关费用	管理费用	现金或银行存款
		支付借款利息、防汛抢险支出、罚款支出等	其他支出	
会计转账业务	5	提取生产经营使用固定资产折旧	生产（劳务）成本	累计折旧
		提取管理使用固定资产折旧	管理费用	
		提取公益使用固定资产折旧	其他支出	
	6	提取生产经营人员工资	生产（劳务）成本	应付工资
		提取管理人员工资	管理费用	
		提取林木管理人员工资	林木资产	
		提取畜禽人员工资	牲畜（禽）资产	
		提取建设工程人员工资	在建工程	
	7	从收益中提取福利费	收益分配	应付福利费
	8	生产领用物资	生产（劳务）成本	库存物资
		销售物资	经营支出	
		建筑工程领用物资	在建工程	
		福利领用物资	应付福利费	
		物资盘存亏损核销	其他支出	

续　表

业务分类	编号	摘　　要	借方科目	贷方科目
会计转账业务	9	建筑工程完工交付使用	固定资产	在建工程
	10	固定资产出售、报废、毁损(已提折旧)	累计折旧	固定资产
		固定资产出售、报废、毁损(账面净值)	固定资产清理	
	11	一事一议资金使用,项目完工后结转	一事一议资金	公积公益金
	12	经营收入转收益	经营收入	本年收益
		发包及上交收入转收益	发包及上交收入	
		补助收入转收益	补助收入	
		其他收入转收益	其他收入	
		投资收益转收益	投资收益	
	13	经营支出转收益	本年收益	经营支出
		管理费用转收益		管理费用
		其他支出转收益		其他支出
	14	年度净收益结转	本年收益	收益分配
		年度净亏损结转	收益分配	本年收益

问题 75：村集体经济组织有哪些基本会计报表？如何编制会计报表？

答：会计报表是以货币为计量单位,根据日常会计核算资料编制的总括反映某一会计实体在一定时期内的财务状况和经营成果的报告文件。村集体经济组织常用的会计报表有资产负债表和收益及收益分配表。

资产负债表是反映特定日期财务状况的会计报表。资产负债表有年初数和期末数两列数字,其编制基本方法是:期末数可依据总账账户和部分明细分类账户期末余额直接填列或汇总计算填列。年初数可根据上年决算报表的期末数填列。

收益及收益分配表是反映一定时期收支及分配和积余情况的报表。收益及收益分配表分为本期数和累计数。根据会计报表的项目分类,以账簿的数据发生额计算填列。

问题 76:会计报表的编报要达到哪些基本要求?

答:会计报表编制要求做到内容完整、数据真实、计算准确、编报及时。

1. 内容完整。对外报送的会计报表,必须按照统一规定报表种类、格式和内容来编制,并应做到编报的项目齐全。

2. 数字真实。会计核算必须以实际发生的经济业务为依据,据实反映财务状况和经营成果,在账账、账实相符的基础上,再编制报表。

3. 计算准确。报表中项目,有的可直接从账簿记录中转抄,有的则要进行分析、计算后再填列,必须采用正确的计算方法,保证计算结果准确无误。

4. 编报及时。会计报表必须按规定的期限和程序,及时编制报送,以便于报表使用者及时了解编报单位的财务状况和经营成果,也便于主管部门和地方财政部门及时进行汇总。

问题 77:会计档案的分类保管有什么规定?

答:会计档案是指会计凭证、会计账簿和财务报告等会计核算专业材料,是记录和反映单位经济业务的重要史料和证据。根据财政部、国家档案局印发的《会计档案管理办法》规定,会计档案分为四类:会计凭证类、会计账簿类、财务报告类、其他类。各单位每年形成的会计档案,应当由会计机构按照归档要求,负责整理立卷,装订成册,编制会计档案保管清册。当年形成的会计档案,在会计年度终了后,可暂由会计机构保管一年,期满之后,应当由会计机构编制移交清册,移交本单位档案机构统一保管;未设立档案机构的,应当在会计机构内部指定专人保管。出纳人员不得兼管会计档案。村集体经济组织的会计档案保管期限见《企业和其他组织会计档案保管期限表》(如表 4-3)。

表 4-3　企业和其他组织会计档案保管期限表

序号	档案名称	保管期限	备　注
一	会计凭证类		
1	原始凭证	15 年	
2	记账凭证	15 年	
3	汇总凭证	15 年	
二	会计账簿类		
4	总账	15 年	包括日记总账

续 表

序号	档案名称	保管期限	备 注
5	明细账	15 年	
6	日记账	25 年	现金和银行存款日记账保管 25 年
7	固定资产卡片		固定资产报废清理后保管 5 年
8	辅助账簿	15 年	
三	财务报告类		包括各级主管部门汇总财务报告
9	月、季度财务报告	3 年	包括文字分析
10	年度财务报告(决算)	永久	包括文字分析
四	其他类		
11	会计移交清册	15 年	
12	会计档案保管清册	永久	
13	会计档案销毁清册	永久	
14	银行余额调节表	5 年	
15	银行对账单	5 年	

第 5 章　民主理财和财务公开

问题 78：农村的民主理财是村民人人参与管理村财务吗？

答：民主理财是指村集体经济组织成员对本村的经济和财务活动进行民主管理、民主决策、民主监督的管理制度。民主理财，通过建立民主理财小组，由民主理财小组代表广大村民行使权利，进行管理。民主理财小组通过村民大会或村民代表会议选举产生，一般由 3～5 人组成。村党支部、村民委员会成员及其直系亲属和村财会人员不得兼任民主理财小组成员。民主理财小组成员与村集体发生可能影响其公正监督的经济关系时，必须实行回避。实行民主理财以保证农民群众依法行使民主权利，共同参与管理村内公共事务和公益事业，对村干部实行民主监督。保障农民的知情权、参与权、决策权、监督权，促进了村级财务管理民主化，又真正实现了"给群众一个明白，还干部一个清白"。

问题 79：民主理财小组具有哪些权利和义务？

答：建立民主理财小组，可以实现民主管理经常化、规范化和制度化。民主理财小组行使监督管理本集体经济组织财务活动的权利，同时履行相应的义务。

1. 民主理财小组有以下权利：

（1）享有对本集体经济组织财务活动的民主监督权利，参与制定本村的各项管理制度和财务计划及各项预（概）算，各项财务管理制度，参与村内重大财务项目的决策。

（2）有权审核和检查财务账目及有关凭证，有权否决不合理开支。

（3）监督、检查本集体经济组织财务公开。

（4）如对本集体经济组织的财务或经济事项有质疑，民主理财小组有权要求有关当事人对财务问题作出解释。

（5）向乡镇经管部门反映本集体经济组织财务管理中存在的问题。

2. 民主理财小组按规定履行以下义务：

（1）按期召开民主理财会议，制定民主理财章程，开展民主理财活动。

（2）接受本集体经济组织成员委托，查阅、审核账务账目。

（3）向本集体经济组织成员大会或成员代表大会报告民主理财情况。

（4）向本集体经济组织提出财务管理方面的意见和建议。

（5）配合经管部门及农村审计部门做好农村审计。

（6）保守本集体经济组织的财务、商业秘密。

问题 80：民主理财小组如何开展工作？

答：民主理财小组应根据经济业务量多少按周或按月

开展理财活动,抓好事前监督、事中监督、事后监督,管好用好赋予的职权。

1. 做好民主监督。民主理财小组在每一个财务事项发生时,要积极参与,提出意见和建议;在财务事项进行过程中,要切实履行职责,仔细监督财务事项的每一个环节和步骤;在财务事项完成后,认真进行检查,查阅财务会计凭证、账目、报表等财务会计基础资料,听取群众的意见,解答群众提出的问题。对重要财务事项应随时发生随时理财。

2. 做好规范管理。民主理财小组在做好民主监督的同时,要规范 4 个方面工作:

(1)设置民主理财登记簿,做好理财记录工作,便于反映民主理财的情况,为向村民代表大会报告和接受上级有关部门的检查积累详细的资料。

(2)妥善保管民主理财小组印章。民主理财小组印章应由民主理财小组长或成员专人妥善保管,明确保管人的责任。

(3)规范使用民主理财小组印章。民主理财小组印章应于每次开展理财业务时集中使用,保管人员不得违规使用。

(4)重大理财事项报经村民大会或村民代表大会决定。涉及集体经济组织各成员切实利益的重大财务活动和财务事项,如集体土地征用、变卖、出租,集体企业改制,干部报酬,大额举债,大、中型固定资产的变卖和报废处理,"一事一议"筹资筹劳等,必须经村集体经济组织成员大会或成员代表大会讨论决定。

问题 81：村集体经济财务公开的依据和内容是什么？

答：财务公开制度是指村集体经济组织以便于群众理解和接受的形式，将其所有财务活动情况及其有关账目，定期如实地向全体村民公布，接受群众监督。依据农业部和监察部联合下发的《村集体经济组织财务公开暂行规定》，明确要求所有村集体经济组织都必须实行财务公开制度。财务公开内容主要包括以下几个方面：

1. 财务计划，是村集体经济组织在一定时期内（年、季、月），根据村级财务计划和生产经营的任务所制定的总的财务目标和措施。包括财务收支计划、固定资产购建计划、农田水利基本建设计划、集体资源发包计划、资产出租计划以及兴办企业等。

2. 各项收入，主要指村集体经济组织在一定时期内，从事各种经济活动所取得的收入。包括集体资源发包收入、资产出租收入、集体企业上交收入、财政转移支付及其他村级补助收入、救济扶贫款、专项补助收入、土地征用补偿收入和村内"一事一议"筹资收入。

3. 各项支出，指村集体经济组织在一定时期内，从事生产经营和行政管理活动中发生的各项开支的总和。主要包括基本建设支出、购建固定资产支出、村干部报酬、办公经费支出、"五保户"供养支出、村级招待费支出、计划生育支出、贫困户补助支出、扶贫救济支出、"一事一议"筹劳筹资支出等。

4. 各项财产，主要包括现金、银行存款、固定资产、产品物资、对外投资、应收款、内部往来款等。

5. 债权债务,指村集体经济组织在一定时期内与其内部单位、农户及外部单位或个人之间的财务往来与借贷关系。主要包括与农户往来、内部单位往来、外部单位和个人往来;银行、信用社贷款金额、用途;欠施工单位的工程款项等。

6. 收益分配。一般要求在年末将编制的收益分配方案表向村民进行公布,同时征求村民的意见,经村民同意后,再进行收益分配。收益分配情况包括收益总额、公积金和公益金提取比例和数额、福利费提取数额、分配分红数额和对象。

7. 其他村民比较关心的重大经济项目或财务事项,主要包括农户承担的集资款、水费、电费、劳动积累工、义务工及以资代劳等情况。

问题 82:财务公开可采取哪些形式?在什么时间公布?

答:村集体经济组织财务公开,主要以填写财务公开栏的形式张榜公布,也可运用其他简便有效的方式、方法进行公开。财务公开栏应张贴在群众集中聚居地带、主要交通路口等群众方便阅览的地方。财务公开栏的样式由县级农村合作经济经营管理部门统一规定。有条件的村,可以以"村务简报"、"明白纸"等书面形式发放到户,并积极通过广播、电视、网络等形式公开。

问题 83:财务公开要在什么时间向村民公布?

答:村集体经济组织的财务公开时间不是完全统一

的，一般是财务公开内容的不同要求，分时段公布：年初时公布财务计划；每季度公布一次各项收入、支出情况，有条件的村可每月公布一次；年末时公布各项财产、债权债务、收益分配、农户承担的集资款、水费、电费、劳动积累工和义务工及以资代劳等情况。对于平时多数村民或民主理财小组要求公开的专项财务活动，村集体经济组织应及时单独进行公布。

问题84：村集体经济组织财务公开应遵循怎样的程序？

答：村集体经济组织财务公开是一个过程管理，需要遵循以下基本程序：

1. 整理核实资料。村集体经济组织在进行财务公开前，根据公开的项目和内容，由民主理财小组对账目、凭证、实物和存款等进行全面核实，包括检查各项财产和债权、债务是否账实相符，各项收入和支出是否合理合法，各项财务管理制度是否严格执行。通过对所需要的资料进行收集、筛选、分类、整理、核实，保证财务公开内容全面而完整、系统而有条理。

2. 审核公布。村集体经济组织财务状况经民主理财小组核实后，填制财务公开表，并由村集体经济组织负责人、主管会计和民主理财小组负责人共同签字通过后，选择适当的形式，按有关部门要求的样式，将已审核通过的财务活动具体内容准确无误地向村民公开。

3. 信息反馈。村集体经济组织在财务账目张榜公布后，应主动收集整理群众提出的问题、意见和建议。可通过在财务公开栏旁统一设置财务公开意见箱,供群众投递意见;或在财务公开的一定时间内,由村集体经济组织主要负责人安排专门时间,接待群众来访,解答群众提出的问题,听取群众的意见和建议,并做好意见记录与汇总。

4. 问题处理。对财务公开过程中暴露出来的问题及群众提出的意见,应及时予以答复并解决。一时难于解决的,要做出解释。不得对提出和反映问题的群众进行压制或打击报复。

5. 总结归纳。在以上步骤全部完成后,要由村民主理财小组成员专人负责收集、整理财务公开过程中所有经过审批的公开资料,并对实施公开的时间、内容、形式、具体承办人员、信息反馈资料、问题处理情况及本次财务公开工作的经验教训进行如实记录,形成专门的总结报告,经村民主理财小组审核通过、签字盖章,存入财务档案保存,并报乡镇经管站备案。

问题85:在财务公开过程中,民主理财小组、村民、乡镇政府有哪些职责?

答:在财务公开过程中,民主理财小组、村民、乡镇政府有各自的职责范围。

1. 民主理财小组对财务公开活动进行监督,行使下列监督权:

(1) 有权对财务公开情况进行检查和监督;

(2) 有权代表群众查阅、审核有关财务账目,反映有关财务问题;

(3) 有权对财务公开中发现的问题提出处理建议;

（4）有权向上一级部门反映有关财务管理中的问题。

2. 村民在财务公开过程中享有下列监督权：

（1）有权对所公布的财务账目提出质疑；

（2）有权委托民主理财小组查阅审核有关财务账目；

（3）有权要求有关当事人对有关财务问题进行解释或解答；

（4）有权逐级反映财务公开中存在的问题，提出意见和建议。

3. 乡（镇）政府承担下列指导和监督职责：

（1）指导和监督村集体经济组织依照本暂行规定，实行财务公开；

（2）指导和监督村集体经济组织建立健全财务公开制度；

（3）会同上级有关部门对财务公开中发现的问题进行查处。

下　篇　农村税收知识

第6章　税收基础知识

问题86：什么是税收？税收有哪些作用？

答：税收，就是国家凭借政治权力，按照法定的标准，向居民和经济组织强制地、无偿地征收用以向社会提供公共产品的财政收入。因为政府承担了公共基础设施、国防、教育等的建设和社会公共事务的管理，如义务教育、农田水利设施建设、社会治安管理、粮食补贴、道路建设等，这些建设和管理都需要一定的资金，政府自身又不是生产经营单位，不能产生利润，为保证各项建设和管理工作的正常开展，政府就通过税收的形式向纳税人收取一定的社会费用，而纳税人在平等地享受或消费了国家提供的公共服务后，也有义务分担一部分社会共同费用。

税收具有无偿性、强制性和固定性三个基本特征。税收的无偿性，是指国家单方面无条件向纳税人收取税款，无需给纳税人以相关的补偿。税收的强制性,是指税收是以国家法律的形式规定的,任何单位和个人都必须遵守,如果不遵守,将受到法律的惩戒。税收的固定性,是指税收是国家按照法律规定的标准向纳税人征收的,任何单位和个人都不能随意改变。

在社会主义市场经济条件下,税收的作用主要表现在:

1. 筹集财政收入,为国家在边防建设、基础设施建设、社会公共管理等方面提供财力支持。

2. 利用税收优惠政策等,贯彻产业政策,调整和优化经济结构。

3. 调节收入,减少社会成员间的贫富差距。

4. 调节对外经济交往,维护国家主权和经济利益。

5. 监督纳税人的经济活动,制约违法经营和不正之风。

问题87:税收为什么分为国税和地税?

答: 为了有效处理中央政府和地方政府之间的事权和财权关系,1994年,根据国务院关于实行分税制财政管理体制的规定,我国把工商各税划分为中央税、地方税、中央与地方共享税,即把各税种分为中央税、地方税、中央与地方共享税税种,所征收的税款中,属于因中央税税种而征收的部分归中央政府支配和使用,属于因地方税税种而征收的税款归地方政府支配和使用,属于因中央与地方共享税税种而征收的税款则按一定比例由中央和地方政府进行分成。为便于管理,还分设中央、地方两套税务机构分别进行征收管理。其中,国家税务局系统负责中央税、国家指定的中央与地方共享税和其他税种的征管,实行由国家税务总局垂直领导的管理体制。地方税务局系统负责地方税、中央与地方共享税和其他税费的征管,实行省级地方税务局受省级人民政府和国家税务总局双重领导,省级以下地方税务局系统由省级地方税务机关垂直领导的管理体制。

问题 88:国税和地税的管理范围是怎么划分的?

答:国税征管范围主要包括:国内增值税,消费税,车辆购置税,个人所得税中对储蓄存款利息所得征收的部分,铁道部、各银行总行、各保险总公司集中缴纳的营业税、城市维护建设税,中央企业、联营企业和股份制企业缴纳的企业所得税,地方银行、外资银行与非银行金融机构缴纳的企业所得税,海洋石油企业缴纳的企业所得税、资源税,外商投资和外国企业所得税、企业所得税(2002 年 1 月 1 日至 2008 年 12 月 31 日期间成立的企业及 2009 年 1 月 1 日起流转税由国税负责征收的新办企业),证券交易印花税以及国家指定征收的其他税。

地税征管范围主要包括:营业税,城市维护建设税,地方国有企业、集体企业、私营企业缴纳的企业所得税(2002 年 1 月 1 日以前成立的企业及 2009 年 1 月 1 日起流转税由地税负责征收的新办企业),个人所得税(不包括对银行储蓄存款利息所得征收的部分),资源税,城镇土地使用税,耕地占用税,土地增值税,房产税,车船使用税,印花税,契税,烟叶税,地方附加费,文化事业建设费,社保费。

问题 89：哪些人要办理税务登记？法律对此有哪些规定？

答：税务登记又叫做纳税登记，是税务机关依法对纳税人开业、变更、停歇业以及生产、经营等活动情况进行登记，对纳税人实施税务管理的一项法定制度。根据《中华人民国和国税收征管法》（以下简称《税收征管法》）规定，对办理税务登记管理的规定主要有：

1. 需办理税务登记的范围。《税收征管法》第十五条规定：企业，企业在外地设立的分支机构和从事生产、经营的场所，个体工商户和从事生产、经营的事业单位应当申报办理税务登记。对从事生产经营以外的纳税人办理税务登记和扣缴义务人办理扣缴税款登记的范围、办法由国务院另行制定。

2. 办理登记的时限。《税收征管法》第十五条规定纳税人应当自领取营业执照之日起 30 日内持有关证件，向税务机关申报办理税务登记；税务机关应当自收到申报之日起 30 日内审核并发给税务登记证件。

3. 税务登记与银行账户。《税收征管法》第十七条规定：从事生产、经营的纳税人持税务登记证件在银行或者其他金融机构开立基本存款账户和其他存款账户，并将其所有账号向当地税务机关报告。银行和其他金融机构在办理生产、经营纳税人的账户中登录税务登记证件号码，并在税务登记证件中登录从事生产、经营的纳税人的账户账号。税务机关在依法查询从事生产、经营的纳税人开立账户的情况时，有关银行和其他金融机构应当予以协助。

问题 90：纳税人、扣缴义务人有哪些义务和权利？

答：根据《税收征管法》规定，纳税人、扣缴义务人有税法赋予的权利和义务。

1. 纳税人应当履行以下义务：

（1）依法办理税务登记。纳税人应当在税法规定的期限内申报办理开业、变更或注销税务登记并按规定使用税务登记证件，不得转借、涂改、损毁、买卖或者伪造。

（2）依法设置账簿。根据合法、有效凭证记账、核算；保管账簿、记账凭证、完税凭证及其有关资料；不得伪造、变造或者擅自损毁上述资料；财务会计制度或办法、会计核算软件报送税务机关备案。

（3）按规定开具、使用和取得发票，并按规定安装、使用税控装置，不得损毁或者擅自改动税控装置。

（4）依法在规定的期限内如实办理纳税申报并按时足额缴纳税款。

（5）延期申报必须预缴税款；延期缴纳税款必须报经批准。

（6）结清税款或提供担保。欠缴税款的纳税人或其法定代表人需要出境的，应当在出境前向税务机关结清应纳税款、滞纳金或者提供担保；有合并、分立情形的纳税人，应当向税务机关报告，并依法结清税款；纳税人同税务机关在纳税上发生争议时，必须先依照税务机关的决定缴纳或者解缴税款、滞纳金或者提供担保，再依法申请行政复议。

（7）纳税人合并、分立时有未缴清税款的，应当由合并后的纳税人继续履行其纳税义务；分立后的纳税人对未履行的纳税义务承担连带责任。

（8）向税务机关提供税务信息。从事生产经营的纳税人应当将全部银行账号向税务机关报告；纳税人有合并、分立情形，或者欠税数额较大的纳税人在处分其不动产或者大额资产之前，都应当向税务机关报告。此外，欠税人还应当向抵押权人、质权人说明欠税情况。

（9）接受税务机关依法进行的税务检查。

2.《税收征管法》规定扣缴义务人应当依法履行代扣代缴、代收代缴税款义务，主要包括：

办理扣缴税款登记，设置代扣、代收税款账簿，全面代扣、代收税款，按税法规定的申报期限和申报内容如实办理代扣代收税款申报，对已扣已收的税款及时解缴，接受税务机关的检查并如实向税务机关反映相关情况。

3.《税收征管法》规定纳税人和扣缴义务人的合法权益包括以下方面：

（1）无偿享有税务机关提供的纳税咨询服务的权利。税务机关应当广泛宣传税收法律、行政法规，普及纳税知识，无偿地为纳税人提供纳税咨询服务。

（2）享有税法知悉权。纳税人、扣缴义务人有权向税务机关了解国家税收法律、行政法规的规定以及与纳税程序有关的情况。

（3）享有保密权。纳税人、扣缴义务人有权要求税务机关为纳税人、扣缴义务人的情况保密。对检举违法行为的单位和个人，收到检举的机关和负责查处的机关应当为检举人保密。

（4）享有申请减、免、退税权。纳税人依法享有申请减税、免税、退税的权利。

（5）享有陈述权、申辩权。纳税人、扣缴义务人对税务机关作出的决定，享有陈述权、申辩权。

（6）享有申请行政复议、提起行政诉讼、请求国家赔偿权。纳税人、扣缴义务人如对税务机关作出的决定不服，可依法申请行政复议、提起行政诉讼；认为税务机关所作出的具体行政行为违法，侵害了其合法利益，可依法请求国家赔偿。

（7）享有控告、检举权。纳税人、扣缴义务人有权控告、检举税务机关、税务人员的违法违纪行为。

（8）享有受尊重和受保护权。税务机关和税务人员必须尊重和保护纳税人、扣缴义务人的权利，依法接受监督。

（9）享有申请回避权。税务人员征收税款和查处税收违法案件，与纳税人、扣缴义务人或者税收违法案件有利害关系的，应当回避。

（10）享有申请延期申报权。纳税人、扣缴义务人不能按期办理纳税申报或者报送代扣代缴、代收代缴税款报告表的，经核准，可以延期申报。

（11）享有申请延期缴纳税款权。纳税人有特殊困难，不能按期缴纳税款的，经省、自治区、直辖市国家税务局、地方税务局批准，可以延期缴纳税款。

（12）享有委托代理权。纳税人、扣缴义务人可以委托税务代理人代为办理税务事宜。

问题 91：什么是纳税申报？应如何办理纳税申报？

答：纳税申报，是指纳税人、扣缴义务人按照税法规

定,在法定期限内就纳税事项向税务机关提出书面报告的
法定行为。

《税收征管法》第二十五条规定:纳税人必须依照法
律、行政法规规定或者税务机关依照法律、行政法规的规定
确定的申报期限、申报内容如实办理纳税申报,报送纳税申
报表、财务会计报表以及税务机关根据实际需要要求纳税
人报送的其他纳税资料。扣缴义务人必须依照法律、行政
法规规定或者税务机关依照法律、行政法规的规定确定的
申报期限、申报内容如实报送代扣代缴、代收代缴税款报告
表以及税务机关根据实际需要要求扣缴义务人报送的其他
有关资料。

纳税人、扣缴义务人可直接到税务机关办理纳税申报
或者报送代扣代缴、代收代缴税款报告表,也可以经税务机
关批准,采取邮寄申报、数据电文申报(税务机关确定的电
话语音、电子数据交换和网络传输等电子方式)。

纳税人、扣缴义务人应如实填写纳税申报表或者代扣
代缴、代收代缴税款报告表,其主要内容包括:税种、税目,
应纳税项目或者代扣代缴、代收代缴税款项目,计税依据,
扣除项目及标准,适用税率或者单位税额,应退税项目及税
额,应减免税项目及税额,应纳税额或者应代扣代缴、代收
代缴税额,税款所属期限、延期缴纳税款、欠税、滞纳金等。

纳税人、扣缴义务人不能按期办理纳税申报或者报送
代扣代缴税款报告表的,经税务机关核准,可以延期申报。
经核准延期办理前款规定的申报、报送事项的,应当在纳税
期内按照上期实际缴纳的税额或者税务机关核定的税额预
缴税款,并在核准的延期内办理税款结算。

问题 92：税款征收和缴纳一般采用哪种方式？什么是核定征收税款，哪些情况可以核定征收？

答：《税收征管法》第三十一条规定：纳税人、扣缴义务人按照法律、行政法规规定或者税务机关依照法律、行政法规的规定确定的期限，缴纳或者解缴税款。税款缴纳的一般方式是纳税人自行（包括通过税务代理，下同）计算应纳税款、自行填报纳税申报表；自行到银行缴纳税款。现在许多有条件的地方已经实现了税银库联网，即税务机关、银行和国库实现电子联网，纳税人只要通过纳税申报网或到大厅上门申报，银行将自动在协议约定的银行账户内扣缴税款到国库。

申报纳税流程如图 6-1 所示。

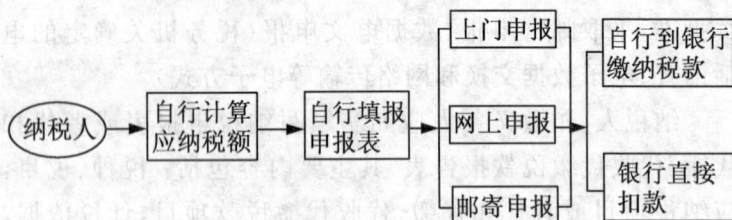

图 6-1　申报纳税流程

有些税务机关对定额征收的个体工商户采取以征代报方式，即定额的个体工商户一般情况下每月只需缴纳固定的税款，不用自行另外申报。

核定征收税款是指由于纳税人的会计账簿不健全，资料残缺难以查账，或者其他原因难以准确确定纳税人应纳税额时，由税务机关采用合理的方法依法核定纳税人应纳税款的一种征收方式，简称核定征收。

《税收征管法》第三十五条规定：纳税人有下列情形之一的，税务机关有权核定其应纳税额：

（一）依照法律、行政法规的规定可以不设置账簿的；

（二）依照法律、行政法规的规定应当设置但未设置账簿的；

（三）擅自销毁账簿或者拒不提供纳税资料的；

（四）虽设置账簿，但账目混乱或者成本资料、收入凭证、费用凭证残缺不全，难以查账的；

（五）发生纳税义务，未按照规定的期限办理纳税申报，经税务机关责令限期申报，逾期仍不申报的；

（六）纳税人申报的计税依据明显偏低，又无正当理由的。

《税收征管法》第三十七条规定：对未按照规定办理税务登记的从事生产、经营的纳税人以及临时从事经营的纳税人，由税务机关核定其应纳税额，责令缴纳。

问题 93：我国目前主要有哪些税种，这些税种主要针对哪些纳税人开征？

答：我国现行由国家税务局和地方税务局负责征收的税种主要有以下方面：

1. 增值税。在我国境内销售货物或者提供加工、修理修配劳务以及进口货物的单位和个人，为增值税的纳税人。增值税纳税人分为一般纳税人和小规模纳税人。对一般纳税人，就其销售（或进口）货物或者提供加工、修理修配劳务的增加值征税，基本税率为 17%，低税率为 13%，出口货物为 0%（国务院另有规定的除外）；对小规模纳税人，实行简易办法计算应纳税额，小规模纳税人增值税征收率为 3%。

增值税的纳税期限一般为1个月,纳税人应在次月的1日至15日的征期内申报纳税。

2. 消费税。对在我国境内生产、委托加工和进口应税消费品的单位和个人征收。征税范围包括烟、酒和酒精、化妆品、贵重首饰和珠宝玉石等14个税目。消费税根据税法确定的税目,按照应税消费品的销售额、销售数量分别实行从价定率或从量定额的办法计算应纳税额。消费税的纳税期限与增值税的纳税期限相同。

3. 营业税。对有偿提供应税劳务、转让无形资产和销售不动产的单位和个人征收。应税劳务包括服务业、交通运输业、建筑业、金融保险业等7个税目。营业税按照应税劳务或应税行为的营业额或转让额、销售额依法定的税率计算缴纳。除了娱乐业实行5%～20%的税率外,其他税目的税率为3%或5%。营业税的纳税期限与增值税、消费税基本相同。

4. 企业所得税。对中国境内的一切企业和其他取得收入的组织(不包括个人独资企业、合伙企业),就其来源于中国境内外的生产经营所得和其他所得征收。企业所得税以企业每一纳税年度的收入总额,减除不征税收入、免税收入、各项扣除以及允许弥补以前年度亏损后的余额,为应纳税所得。企业所得税的税率为25%。企业所得税按纳税年度计算,纳税年度自公历1月1日起至12月31日止。企业所得税实行按月或按季预缴、年终汇算清缴、多退少补的征收办法,即企业应当自月份或者季度终了之日起15日内,向税务机关报送预缴企业所得税纳税申报表,预缴税款。企业应当自年度终了之日起5个月内,向税务机关报送年度企业所得税纳税申报表,并汇算清缴,结清应缴应退税款。

5. 个人所得税。以个人取得的各项应税所得(包括个人取得的工资、薪金所得,个体工商户的生产、经营所得等11个应税项目)为对象征收。除工资、薪金所得适用5％至45％的9级超额累进税率,个体工商户(注:个人独资企业和合伙企业投资者比照执行)的生产、经营所得和对企事业单位的承包经营、承租经营所得适用5％～35％的5级超额累进税率外,其余各项所得均适用20％的比例税率。纳税期限是:扣缴义务人每月所扣和自行申报纳税人每月应纳的税款,在次月7日内缴入国库;个体工商户的生产、经营所得应纳的税款,按年计算,分月预缴,年度终了后3个月内汇算清缴,多退少补;对企事业单位的承包经营、承租经营所得应纳的税款,按年计算,年度终了后30日内缴入国库;从中国境外取得所得的,在年度终了后30日内,将应纳的税款缴入国库。年所得12万元以上的纳税人,在年度终了后3个月内自行向税务机关进行纳税申报。

6. 资源税。对各种应税自然资源征收。征税范围包括原油、天然气、煤炭、其他非金属矿原矿、黑色金属矿原矿、有色金属矿原矿、盐等7大类。资源税的税额标准因资源的种类、区位的不同,税额标准为每吨0.3元到60元或每1000立方米2元到15元不等。目前,资源税采取从量定额的办法征收,下一步将实行从价定率办法征收。

7. 城镇土地使用税。以在城市、县城、建制镇和工矿区范围内的土地为征税对象,以实际占用的土地面积为计税依据,按规定税额对使用土地的单位和个人征收。其税额标准按大城市、中等城市、小城市和县城、建制镇、工矿区分别确定,在每平方米0.6元至30元之间。土地使用税按年计算、分期缴纳。

8. 房产税。以城市、县城、建制镇和工矿区范围内的房屋为征税对象,按房产余值或租金收入为计税依据,向产权所有人征收的一种税。其税率分为两类:按照房产余值计算应纳税额的,适用税率为 1.2%;按照房产租金收入计算应纳税额的,适用税率为 12%,但个人按市场价格出租的居民住房,减按 4% 的税率征收。房产税按年征收、分期缴纳。

9. 城市维护建设税。对缴纳增值税、消费税、营业税的单位和个人征收。它以纳税人实际缴纳的增值税、消费税、营业税为计税依据,区别纳税人所在地的不同,分别按7%(在市区)、5%(在县城、镇)和1%(不在市区、县城或镇)三档税率计算缴纳。城市维护建设税分别与增值税、消费税、营业税同时缴纳。

10. 耕地占用税。对占用耕地建房或者从事其他非农业建设的单位和个人,依其占用耕地的面积征收。其税额标准在每平方米 5 元至 50 元之间。纳税人必须在经土地管理部门批准占用耕地之日起 30 日内缴纳耕地占用税。

11. 土地增值税。以纳税人转让国有土地使用权、地上建筑物及其附着物所取得的增值额为征税对象,依照规定的税率征收。它实行 4 级超率累进税率,税率分别为30%、40%、50%、60%。纳税人应当自转让房地产合同签订之日起 7 日内向房地产所在地主管税务机关办理纳税申报,并在税务机关核定的期限内缴纳土地增值税。由于涉及成本确定或其他原因而无法据以计算土地增值税的,可以预征土地增值税,待项目全部竣工,办理结算后再进行清算,多退少补。

12. 车辆购置税。对购置汽车、摩托车、电车、挂车、农用运输车等应税车辆的单位和个人征收。车辆购置税实行从价定率的方法计算应纳税额,税率为 10%。计税价格为纳税人购置应税车辆而支付给销售者的全部价款和价外费用(不包括增值税);国家税务总局参照应税车辆市场平均交易价格,规定不同类型应税车辆的最低计税价格。纳税人购置应税车辆的,应当自购置之日起 60 日内申报纳税并一次缴清税款。

13. 车船税。以在我国境内依法应当到车船管理部门登记的车辆、船舶为征税对象,向车辆、船舶的所有人或管理人征收。分为载客汽车、载货汽车等 6 大税目。各税目的年税额标准在每辆 24 元至 660 元,或自重(净吨位)每吨 3 元至 120 元之间。车船税按年申报缴纳。

14. 印花税。对经济活动和经济交往中书立、领受税法规定的应税凭证征收。印花税根据应税凭证的性质,分别按合同金额依比例税率或者按件定额计算应纳税额。比例税率有 1‰、0.5‰、0.3‰ 和 0.05‰ 四档,比如购销合同按购销金额的 0.3‰ 贴花,加工承揽合同按加工或承揽收入的 0.5‰ 贴花,财产租赁合同按租赁金额的 1‰ 贴花,借款合同按借款金额的 0.05‰ 贴花等;权利、许可证等按件贴花 5 元。印花税实行由纳税人根据规定自行计算应纳税额,购买并一次贴足印花税票的缴纳办法。股权转让书据按其书立时证券市场当日实际成交价格计算的金额,由立据双方当事人分别按 3‰ 的税率缴纳印花税(即证券交易印花税)。

15. 契税。以出让、转让、买卖、赠与、交换发生权属转移的土地、房屋为征税对象,承受的单位和个人为纳税人。

出让、转让、买卖土地、房屋的税基为成交价格,赠与土地、房屋的税基由征收机关核定,交换土地、房屋的税基为交换价格的差额。税率为 3‰～5‰。纳税人应当自纳税义务发生之日起 10 日内办理纳税申报,并在契税征收机关核定的期限内缴纳税款。

16.烟叶税。对收购烟叶(包括晾晒烟叶和烤烟叶)的单位,按照收购烟叶的收购金额征收,税率为 20‰。纳税人应当自纳税义务发生之日起 30 日内申报纳税。具体纳税期限由主管税务机关核定。

以上是中国现有税种的大致情况介绍,除此之外,还有教育费附加、文化建设事业费等(见表 6-1)。需要说明的是,尽管中国税法规定的税种比较多,但并不是每个纳税人都要缴纳所有的税种。纳税人只有发生了税法规定的应税行为,才需要缴纳相应的税收,如果没有发生这些应税行为,就不需要缴纳相应的税收。从实际情况来看,规模比较大、经营范围比较广的企业涉及的税种一般在 10 个左右,而大多数企业缴纳的税种在 6～8 个。

表 6-1　中国现行主要税种情况表

税种名称	税率	课税对象	征收机关
增值税	17‰、13‰、0‰	在我国境内销售货物或者提供加工、修理修配劳务以及进口货物的单位和个人	国家税务局(以下简称国税)
消费税	从价定率或从量定额	在我国境内生产、委托加工和进口应税消费品的单位和个人	国税

续　表

税种名称	税率	课税对象	征收机关
营业税	3%、5%、5%～20%	有偿提供应税劳务、转让无形资产和销售不动产的单位和个人	地方税务局（以下简称地税）
企业所得税	25%	中国境内的一切企业和其他取得收入的组织（不包括个人独资企业、合伙企业）来源于中国境内外的生产经营所得和其他所得	国税、地税
个人所得税	5%～45%、5%～35%、20%	个人取得的各项应税所得	地税、国税
资源税	每吨0.3元到60元或每1000立方米2元到15元	各种应税自然资源	地税
城镇土地使用税	每平方米每年0.6元至30元	城市、县城、建制镇和工矿区范围内的土地	地税
房产税	1.2%、12%	城市、县城、建制镇和工矿区范围内的房屋	地税
城市维护建设税	1%、5%、7%	缴纳增值税、消费税、营业税的单位和个人	地税
耕地占用税	每平方米5元至50元	占用耕地建房或者从事其他非农业建设的单位和个人	地税
土地增值税	30%、40%、50%、60%	转让国有土地使用权、地上建筑物及其附着物所取得的增值额	地税

续　表

税种名称	税率	课税对象	征收机关
车辆购置税	10%	购置汽车、摩托车、电车、挂车、农用运输车等应税车辆的单位和个人	国税
车船税	每辆24元至660元,或自重（净吨位）每吨3元至120元之间	在我国境内依法应当到车船管理部门登记的车辆、船舶	地税
印花税	1‰、0.5‰、0.3‰、0.05‰,权利、许可证等按件贴花5元	经济活动和经济交往中书立、领受税法规定的应税凭证	地税、国税
契税	3%～5%	出让、转让、买卖、赠与、交换发生权属转移的土地、房屋	地税
烟叶税	20%	收购烟叶（包括晾晒烟叶和烤烟叶）的单位	地税

问题94：税务机关采取何种方式核定个体工商户应纳税额？

答：根据《个体工商户税收定期定额征收管理办法》的规定,个体工商户税收定期定额征收,是指税务机关依照法律、行政法规及本办法的规定,对个体工商户在一定经营地点、一定经营时期、一定经营范围内的应纳税经营额（包括经营数量）或所得额进行核定,并以此为计税依据,确定其应纳税额的一种征收方式。个人独资企业的税款征收管理可比照该办法执行。

税务机关根据定期定额户的经营规模、经营区域、经营内容、行业特点、管理水平等因素核定定额,可以采用下列一种或两种以上的方法核定:

1. 按照耗用的原材料、燃料、动力等推算或者测算核定;

2. 按照成本加合理的费用和利润的方法核定;

3. 按照盘点库存情况推算或者测算核定;

4. 按照发票和相关凭据核定;

5. 按照银行经营账户资金往来情况测算核定;

6. 参照同类行业或类似行业中同规模、同区域纳税人的生产、经营情况核定;

7. 按照其他合理方法核定。

问题 95:税务机关采取怎样的核定定额程序?

答:税务机关核定定额程序如下:

1. 自行申报。定期定额户要按照税务机关规定的申报期限、申报内容向主管税务机关申报,填写有关申报文书。申报内容应包括经营行业、营业面积、雇佣人数和每月经营额、所得额(这里所称的经营额、所得额为预估数)以及税务机关需要的其他申报项目。

2. 核定定额。主管税务机关根据定期定额户自行申报情况,参考典型调查结果,按有关规定的核定方法核定定额,并计算应纳税额。

3. 定额公示。主管税务机关应当将核定定额的初步结果进行公示,公示期限为 5 个工作日。公示地点、范围、形式应当按照便于定期定额户及社会各界了解、监督的原则,由主管税务机关确定。

4. 上级核准。主管税务机关根据公示意见结果修改定额,并将核定情况报经县以上税务机关审核批准后,填制《核定定额通知书》。

5. 下达定额。将《核定定额通知书》送达定期定额户执行。

6. 公布定额。主管税务机关将最终确定的定额和应纳税额情况在原公示范围内进行公布。

问题 96：定期定额户实际经营额、所得额超过税务机关核定的定额应如何处理?

答：定期定额户的经营额、所得额连续纳税期超过或低于税务机关核定的定额一定幅度的,应当提请税务机关重新核定定额。

经税务机关检查发现定期定额户在以前定额执行期发生的经营额、所得额超过定额,或者当期发生的经营额、所得额超过定额一定幅度而未向税务机关进行纳税申报及结清应纳税款的,税务机关应当追缴税款、加收滞纳金,并按照法律、行政法规的规定予以处理。

问题 97：定期定额户发生停业的应如何办理?

答：定期定额户在经营中因装修、外出时间较长等原因停业的,应当在停业前向税务机关书面提出停业报告,停业报告应说明停业原因及停业期限;提前恢复经营的,应当在恢复经营前向税务机关书面提出复业报告;需延长停业时间的,应当在停业期满前向税务机关提出书面的延长停业报告。

问题 98：定期定额户对税务机关核定的定额有争议时应如何办理？

答： 定期定额户对税务机关核定的定额有争议的,可以在接到《核定定额通知书》之日起 30 日内向主管税务机关提出重新核定定额申请,并提供足以说明其生产、经营真实情况的证据,主管税务机关应当自接到申请之日起 30 日内书面答复。

定期定额户也可以按照法律、行政法规的规定直接向上一级税务机关申请行政复议;对行政复议决定不服的,可以依法向人民法院提起行政诉讼。

定期定额户在未接到重新核定定额通知、行政复议决定书或人民法院判决书前,仍按原定额缴纳税款。

问题 99：张三和李四同为个体户,而且都收到了税务机关的定额通知,但是张三每月要缴税,而李四却不用缴税,税务机关的解释是李四每月的营业额没到起征点,所以免缴,请问这是为什么？

答： 起征点又称征税起点,指税法规定的计税依据应当征税的数量界限(起点)。计税依据数额达不到起征点的不征税,达到起征点的按照计税依据全额征税。规定起征点主要是为了适当照顾应税收入、所得、财产等较少的纳税人,贯彻合理负担的原则,同时也发挥了税收的调节作用。

也就是说,税法规定纳税人的营业额达到一定金额的,就应当按照其全部营业额计算缴纳各项税费,没有达到规定金额的,则免予征税。张三每月的营业额达到了起征点金额,所以要按规定缴税;李四由于营业额较低,没有达到起征点金额,所以免予征税。

问题 100:请问目前我国的税收起征点金额是多少?

答:税收起征点的具体金额规定是根据社会经济发展情况而不断调整的,根据财政部第 65 号令《关于修改〈增值税暂行条例实施细则〉和〈营业税暂行条例实施细则〉的决定》:从 2011 年 11 月 1 日起,销售货物的增值税的起征点幅度调整为月销售额 5000～20000 元;在营业税方面,按期纳税的,起征点的幅度提高为月营业额 5000～20000 元。各省市可以根据本地实际情况在细则规定的幅度内确定起征点,浙江省目前规定的起征点为 20000 元。

问题 101:我在城区开了一个理发店,请问是否需要办理税务登记证? 哪些纳税人应当办理税务登记?

答:需要办理税务登记。企业,企业在外地设立的分支机构和从事生产、经营的场所,个体工商户和从事生产、经营的事业单位,均应当向生产、经营所在地税务机关申报办理税务登记。

问题 102:我开了一家饭店,因生意清淡,打算不再经营了,请问需要到税务机关办理什么手续? 哪些情况应办理注销税务登记证?

答:需要办理注销税务登记。纳税人发生解散、破产、撤销以及其他情形,依法终止纳税义务的,应当在向工商行政管理机关或者其他机关办理注销登记前,持有关证件和资料向原税务登记机关办理注销税务登记;按规定不需要在工商行政管理机关或者其他机关办理注销登记的,应当自有关机关批准或者宣告终止之日起 15 日内,持有关证件和资料向原税务登记机关办理注销税务登记。

问题 103：公司法定代表人变更,是否需要办理税务登记变更手续？纳税人税务登记内容发生变化是否需要办理变更手续？

答：需要办理变更登记。纳税人的法定代表人、经营范围、生产经营地址、注册资本等税务登记内容发生变化的,应当向原税务登记机关申请办理变更税务登记。联系方式、银行账户有变化的,也要及时告知主管税务机关。

问题 104：企业是否可以申请停复业？

答：停复业政策的适用对象是实行定期定额征收方式的个体工商户。企业纳税人不能申请停业,在纳税期内没有应纳税款或处于停业状态的,应当按照规定照常办理纳税申报。

问题 105：我承包了本村一段道路的维护,需要提供正式发票才能拿到工钱,请问到哪里开发票？国税、地税机关分别负责管理哪些种类的发票？

答：到地税部门开具。需要临时开发票的单位或个人,要凭身份证明、合同或业务确认证明等资料到税务机关的征收大厅或税务代征点开票。

地税机关负责管理营业税类发票,种类有：交通运输、建筑安装、金融保险、邮政通信、文化体育、娱乐、服务、转让无形资产、销售不动产及其他。

增值税发票、普通销售发票、加工修理发票则由国税机关管理。

问题 106：我开了一家小超市，有客户要我开发票，请问我应到哪里购买发票，需要办理哪些手续？

答：因为超市属于零售业，应开具销售发票，所以应该到当地的国税机关领购普通销售发票。根据《中华人民共和国发票管理办法》规定，依法办理税务登记的单位和个人，在领取税务登记证件后，向主管税务机关申请领购发票。

申请领购发票的单位和个人应当提出购票申请，提供经办人身份证明、税务登记证件或者其他有关证明，以及发票专用章的印模，经主管税务机关审核后，发给发票领购簿。领购发票的单位和个人再凭发票领购簿核准的种类、数量以及购票方式，向主管税务机关领购发票。

问题 107：上个月我公司卖了一批货给客户，并已经向客户开具了发票，可这个月客户发现货发错了，要求退货并退回了发票，请问我公司应如何处理退回来的发票？

答：开具发票后，如发生销货退回的，应该开红字发票，即用红笔开具一张与原发票内容、金额、抬头等一样的发票，同时必须收回原发票并注明"作废"字样或取得对方有效证明，然后以红字发票冲抵已收货款。

开具发票后，如发生销售折让的，必须在收回原发票并注明"作废"字样后重新开具销售发票或取得对方有效证明后开具红字发票。

问题 108：请问发票是否有有效期,到期了怎么办? 发票遗失怎么办?

答：发票一般是具有有效期的,到期的空白发票要到税务机关缴销,并剪角作废,然后重新领购发票。

纳税人按照税务机关的规定存放和保管发票,不得擅自损毁。发生发票丢失情形时,应当于发现丢失当日书面报告税务机关,并登报声明作废。

问题 109：请问增值税专用发票开票额有没有限制的?

答：根据《国家税务总局关于修订〈增值税专用发票使用规定〉的通知》(国税发〔2006〕156号)规定,专用发票实行最高开票限额管理。这里的最高开票限额,是指单份专用发票开具的销售额合计数不得达到的上限额度。

最高开票限额由一般纳税人申请,税务机关依法审批。最高开票限额为十万元及以下的,由区县级税务机关审批;最高开票限额为一百万元的,由地市级税务机关审批;最高开票限额为一千万元及以上的,由省级税务机关审批。

一般纳税人申请最高开票限额时,需填报《最高开票限额申请表》。

问题 110：民政福利企业减免营业税要具备哪些条件?

答：民政福利企业要减免营业税,应当具备以下几个条件:

1. 1994 年 1 月 1 日前,由民政部门、街道、乡镇举办的福利企业(不包括外商投资企业)。1994 年 1 月 1 日以后举办的民政福利企业,必须经省级民政部门和主管税务机关的严格审查批准。

2. 安置"四残"人员占企业生产人员的 35% 以上(含 35%),"四残"是指盲、聋、哑及肢体残疾,对只挂名不参加劳动的"四残"人员不得作为"四残"人员计算比例。

3. 有健全的管理制度,并建立了"四表一册",即企业基本情况表、残疾职工工种安排表、企业职工工资表、利税使用分配表,残疾职工名册。

4. 经民政、税务部门验收合格,并发给《社会福利企业证书》。

问题 111:请问小微企业有哪些税收优惠?

答:目前针对小微企业的税收优惠主要有两方面:

1. 企业所得税优惠

(1) 税率优惠。根据《中华人民共和国企业所得税法》第二十八条的规定,符合条件的小型微利企业,减按 20% 的税率征收企业所得税。根据《中华人民共和国企业所得税法实施条例》第九十二条的规定,对小型微利企业的定义进行了明确,是指从事国家非限制和禁止行业,并符合下列条件的企业:工业企业,年度应纳税所得额不超过 30 万元,从业人数不超过 100 人,资产总额不超过 3000 万元;其他企业,年度应纳税所得额不超过 30 万元,从业人数不超过 80 人,资产总额不超过 1000 万元。

(2) 应纳税所得额低于 6 万元减半征税。根据《财政

部　国家税务总局关于小型微利企业所得税优惠政策有关问题的通知》(财税〔2011〕117号)规定,符合《中华人民共和国企业所得税法》及其实施条例,以及相关税收政策规定的小型微利企业,自2012年1月1日至2015年12月31日,对年应纳税所得额低于6万元(含6万元)的小型微利企业,其所得税按50%计入应纳税所得额,按20%的税率缴纳企业所得税。

需要注意的是,下面三类企业即使符合相关指标也不得享受小型微利企业减免税优惠:①《中华人民共和国企业所得税法实施条例》第九十二条明确规定,从事国家限制和禁止行业的企业,不得享受小型微利企业减免税优惠。② 核定征收所得税企业不能享受小型微利减免税优惠,《财政部　国家税务总局关于执行企业所得税优惠政策若干问题的通知》(财税〔2009〕69号)规定:《企业所得税法》第二十八条规定的小型微利企业待遇,应适用于具备建账核算自身应纳税所得额条件的企业,按照《企业所得税核定征收办法》(国税发〔2008〕30号)缴纳企业所得税的企业,在不具备准确核算应纳税所得额条件前,暂不适用小型微利企业适用税率。③ 非居民企业不能享受小型微利减免税优惠,《国家税务总局关于非居民企业不享受小型微利企业所得税优惠政策问题的通知》(国税函〔2008〕650号)规定:《企业所得税法》第二十八条规定的小型微利企业是指企业的全部生产经营活动产生的所得均负有我国企业所得税纳税义务的企业。因此,仅就来源于我国所得负有我国纳税义务的非居民企业,不适用小型微利企业所得税的优惠政策。

2. 印花税优惠

《财政部 国家税务总局关于金融机构与小型微型企业签订借款合同免征印花税的通知》(财税〔2011〕105 号)规定,自 2011 年 11 月 1 日起至 2014 年 10 月 31 日止,对依照《工业和信息化部 国家统计局 国家发展和改革委员会 财政部关于印发中小企业划型标准规定的通知》(工信部联企业〔2011〕300 号)认定的小型、微型企业与金融机构签订的借款合同免征印花税。

问题 112:我是小规模纳税人,向税务机关申请代开增值税专用发票时,税务机关要求当时缴纳税款,这种做法有无依据?

答:根据《中华人民共和国发票管理办法》实施细则第二十六条规定:凡需向税务机关申请代开发票的单位和个人,均应提供发生购销业务,提供接受服务或者其他经营活动的书面证明,对税法规定应当缴纳税款的,税务机关应当在开具发票的同时征税。因此,税务机关的做法是正确的。

问题 113:增值税税率有几种?小规模纳税人代开的税票能否抵扣?小规模纳税人能否要求税务机关代开 17% 的增值税发票?

答:我国增值税税率设置了三档税率,一档为基本税率,即 17%,一档为低税率,即 13%,此外还有对出口货物实行零税率(但除国务院另有规定的除外)。

小规模纳税人增值税征收率为 3%。

符合条件的小规模纳税人向税务机关申请代开的符合规定的增值税专用发票允许抵扣,税务机关代开的增值税专用发票,应按销售价款分别换算为不含税的单价和销售额,税率为适用的征收率。

税务机关不能为小规模纳税人代开税率为 17% 的增值税专用发票。

问题 114: 我公司为一般纳税人,近期有场地服务业务(为客户组织装车、卸车等),是否应在地税办理纳税手续,国税对此有无专门规定?

答: 根据《中华人民共和国增值税暂行条例实施细则》第五条的规定:一项销售行为如果既涉及货物又涉及非增值税应税劳务,为混合销售行为。除本细则第六条的规定外,从事货物的生产、批发或者零售的企业、企业性单位和个体工商户的混合销售行为,视为销售货物,应当缴纳增值税;其他单位和个人的混合销售行为,视为销售非增值税应税劳务,不缴纳增值税。

这里所称的非增值税应税劳务,是指属于应缴营业税的交通运输业、建筑业、金融保险业、邮电通信业、文化体育业、娱乐业、服务业税目征收范围的劳务。

这里所称的从事货物的生产、批发或者零售的企业、企业性单位和个体工商户,包括以从事货物的生产、批发或者零售为主,并兼营非增值税应税劳务的单位和个体工商户在内。

《实施细则》第六条规定:纳税人的下列混合销售行为,应当分别核算货物的销售额和非增值税应税劳务的营业额,并根据其销售货物的销售额计算缴纳增值税,非增值税应税劳务的营业额不缴纳增值税;未分别核算的,由主管税务机关核定其货物的销售额：（一）销售自产货物并同时提供建筑业劳务的行为；（二）财政部、国家税务总局规定的其他情形。

《实施细则》第七条规定：纳税人兼营非增值税应税项目的，应分别核算货物或者应税劳务的销售额和非增值税应税项目的营业额；未分别核算的，由主管税务机关核定货物或应税劳务的销售额。

因此，根据《实施细则》规定，你单位作为一般纳税人，如果场地服务业务与销售为同一项业务的，为混合销售行为，缴增值税；如果不属于同一销售业务的，则为兼营行为，应对销售和服务业务进行分别核算，分别缴纳增值税和营业税。

对是否要到地税机关办理登记手续，如果经营范围没有发生变化，则地税部门已经有登记，不需另外办理；如果经营范围发生变化的，则要办理相关变更手续。

问题 115：请问纳税人在什么情况下可申请认定为一般纳税人？

答：根据《增值税一般纳税人资格认定管理办法》（国家税务总局 22 号令）规定，增值税纳税人（以下简称纳税人），年应税销售额超过财政部、国家税务总局规定的小规模纳税人标准的，应当向主管税务机关申请一般纳税人资格认定。这里所称的年应税销售额，是指纳税人在连续不超过 12 个月的经营期内累计应征增值税销售额，包括免税销售额。但是，下列三种纳税人不办理一般纳税人资格认定：（一）个体工商户以外的其他个人；（二）选择按照小规模纳税人纳税的非企业性单位;(三)选择按照小规模纳税人纳税的不经常发生应税行为的企业。

另外,年应税销售额未超过财政部、国家税务总局规定的小规模纳税人标准以及新开业的纳税人,可以向主管税务机关申请一般纳税人资格认定。对提出申请并且同时符合下列条件的纳税人,主管税务机关应当为其办理一般纳税人资格认定:(一)有固定的生产经营场所;(二)能够按照国家统一的会计制度规定设置账簿,根据合法、有效凭证核算,能够提供准确税务资料。

问题 116:企业生产销售的农药是否要缴增值税?有没有具体文件规定?

答:要缴纳增值税。《财政部、海关总署、国家税务总局关于农药税收政策的通知》(财税〔2003〕186 号)文件第三条规定:自 2004 年 1 月 1 日起,《财政部、国家税务总局关于若干农业生产资料征免增值税政策通知》(财税〔2001〕113 号)第一条第 3 项关于对国产农药免征生产环节增值税的政策停止执行。

问题 117:若一个体户的实际应纳增值额远远大于其核定的增值税税额,且有确凿的账簿资料可以证实,该如何处罚?

答:根据国家税务总局令 2006 年第 16 号《个体工商户税收定期定额征收管理办法》第二十条规定:经税务机关检查发现定期定额户在以前定额执行期发生的经营额、所得额超过定额,或者当期发生的经营额、所得额超过定额一定幅度而未向税务机关进行纳税申报及结清应纳税款的,税务机关应当追缴税款、加收滞纳金，并按照法律、行政法规的规定予以处理。其经营额、所得额连续纳税期超过定额，税务机关应当按照本办法第十九条的规定重新核定其定额。

问题 118：增值税价外费用究竟包括哪些？

答：《增值税暂行条例实施细则》第十二条规定，价外费用，包括价外向购买方收取的手续费、补贴、基金、集资费、返还利润、奖励费、违约金、滞纳金、延期付款利息、赔偿金、代收款项、代垫款项、包装费、包装物租金、储备费、优质费、运输装卸费以及其他各种性质的价外收费。但下列项目不包括在内：

（一）受托加工应征消费税的消费品所代收代缴的消费税；

（二）同时符合以下条件的代垫运输费用：

1. 承运部门的运输费用发票开具给购买方的；

2. 纳税人将该项发票转交给购买方的。

（三）同时符合以下条件代为收取的政府性基金或者行政事业性收费：

1. 由国务院或者财政部批准设立的政府性基金，由国务院或者省级人民政府及其财政、价格主管部门批准设立的行政事业性收费；

2. 收取时开具省级以上财政部门印制的财政票据；

3. 所收款项全额上缴财政。

（四）销售货物的同时代办保险等面向购买方收取的保险费，以及向购买方收取的代购买方缴纳的车辆购置税、车辆牌照费。

问题 119：负责当地产品销售和售后服务的非独立核算分支机构，是否可与总公司合并缴纳增值税？

答：根据《增值税暂行条例》规定，总机构和分支机构不在同一县（市）的，应当分别向各自所在地主管税务机关申报缴纳增值税。经国家税务总局或其授权的税务机关批准，可以由总机构汇总向总机构所在地主管税务机关申报缴纳增值税。

问题 120：我单位开发新产品，无偿作为实验材料提供给第三方企业，进行产品性能试验，是否视同销售计入应税所得？

答：根据《增值税暂行条例实施细则》第四条的规定：单位或个体经营者的下列行为，视同销售货物：

（一）将货物交付他人代销；

（二）销售代销货物；

（三）设有两个以上机构并实行统一核算的纳税人，将货物从一个机构移送其他机构用于销售，但相关机构设在同一县（市）的除外；

（四）将自产或委托加工的货物用于非应税项目；

（五）将自产、委托加工或购买的货物作为投资，提供给其他单位或个体经营者；

（六）将自产、委托加工或购买的货物分配给股东或投资者；

（七）将自产、委托加工的货物用于集体福利或个人消费；

（八）将自产、委托加工或购买的货物无偿赠送他人。

根据本题所描述的情况,应当属于视同销售行为,应征收增值税。

问题 121：视同销售行为应如何征收税款？

答：对发生视同销售行为的,纳税人应该按照销售行为计算销项税额。如纳税人将自产、委托加工或购买的货物无偿赠送他人的,根据《增值税暂行条例实施细则》第四条的规定该行为视同销售行为,所以对纳税人无偿赠送他人的货物,应该按照市场价格并入销售收入,并按规定计算销项税额。

问题 122：一般纳税人假如在每月 25 日即已结账,那么当月后几天开具的普通发票可否并到下个月计算销项税？

答：这个问题涉及会计期间,根据会计法规定,会计期间分为年度、半年度、季度和月度。年度、半年度、季度和月度均按公历起讫日期确定。在我国,会计年度自公历每年的 1 月 1 日起至 12 月 31 日止。因此,一般的会计期间也应该自每月的 1 日起至月末最后一天,在此期间发生的销售,都应计入当月的销售收入计征销项税。

问题 123：一般纳税人收到违约金未作销售收入处理,也没有缴增值税,是否属偷税行为？

答：根据《中华人民共和国增值税暂行条例》第六条规定,增值税应纳税销售额为纳税人销售货物或者应税劳务向购买方收取的全部价款和价外费用,但是不包括收取的销项税额。《中华人民共和国增值税暂行条例实施细则》（以下简称《条例》）第十二条规定：《条例》第六条所称价外费用，是指价外向购买方收取的手续费、补贴、基金、集资费、返还利润、奖励费、违约金（延期付款利息）、包装费、包装物租金、储备费、优质费、运输装卸费、代收款项、代垫款项及其他各种性质的价外收费。凡价外费用，无论其会计制度如何核算，均应并入销售额计算应纳税额。因此，对收取的违约金应依法缴纳增值税。

《中华人民共和国税收征收管理法》第六十三条对偷税的定义为：纳税人伪造、变造、隐匿、擅自销毁账簿、记账凭证，或者在账簿上多列支出或者不列、少列收入，或者经税务机关通知申报而拒不申报或者进行虚假的纳税申报，不缴或者少缴应纳税款的，是偷税。对纳税人偷税的，由税务机关追缴其不缴或者少缴的税款、滞纳金，并处不缴或者少缴的税款50%以上5倍以下的罚款；构成犯罪的，依法追究刑事责任。所以，对收取的违约金不作销售收入处理而少缴增值税，属于上述偷税的范围。

问题124：如果销售收入达到了增值税一般纳税人标准，企业不提出申请，是否强制认定为一般纳税人，且进项税额不得抵扣？

答： 如果销售收入达到了增值税一般纳税人标准，企业又不提出申请的，税务机关将制作《税务事项通知书》。根据《国家税务总局关于明确〈增值税一般纳税人资格认定管理办法〉若干条款处理意见的通知》（国税函〔2010〕139号）第八条规定：认定办法第八条第（三）款第1项规定主管税务机关制作的《税务事项通知书》中需明确告知：其年应税销售额已超过小规模纳税人标准，应在收到《税务事项通知书》后 10 日内向主管税务机关报送《增值税一般纳税人申请认定表》或《不认定增值税一般纳税人申请表》；逾期未报送的，将按《中华人民共和国增值税暂行条例实施细则》第三十四条规定，按销售额依照增值税税率计算应纳税额，不得抵扣进项税额，也不得使用增值税专用发票。

纳税人在《税务事项通知书》规定的时限内仍未向主管税务机关报送《一般纳税人资格认定表》或者《不认定增值税一般纳税人申请表》的，应按《中华人民共和国增值税暂行条例实施细则》第三十四条规定，按销售额依照增值税税率计算应纳税额，不得抵扣进项税额，也不得使用增值税专用发票，直至纳税人报送上述资料，并经主管税务机关审核批准后方可停止执行。

第 7 章　农业生产税收

👆 **问题 125**：现在还要征收农业税吗？如果已经取消，那么是从什么时候开始取消的？

答：农业税已经停征。2005 年 12 月 29 日，第十届全国人大常委会第十九次会议决定，自 2006 年 1 月 1 日起废止《中华人民共和国农业税条例》。由此，国家不再针对农业单独征税，一个在我国存在两千多年的古老税种宣告终结。

农业税实际上包括农业税、农业特产税和牧业税。

👆 **问题 126**：涉农税收优惠有哪些？

答：为鼓励和扶持农业发展，国家制定了一系列涉农税收优惠政策，涉及增值税、企业所得税、营业税等多个税种。

1. 增值税

（1）销售特定产品免征增值税。《增值税暂行条例》规定，农业生产者销售的自产农业产品免税。《关于农民专业合作社有关税收政策的通知》（财税〔2008〕81 号）文件规定，对农民专业合作社销售本社成员生产的农业产品，视同农业生产者销售自产农业产品免征增值税。

财政部、国家税务总局《关于若干农业生产资料征免增值税政策的通知》（财税〔2001〕113）明确了免税范围，主要包括：农膜，生产销售的除尿素以外的氮肥、除磷酸二铵以外的磷肥、钾肥以及以免税化肥为主要原料的复混肥，生产销售的阿维菌素、胺菊酯、百菌清等，批发和零售的种子、种苗、化肥、农药、农机。财政部、国家税务总局《关于饲料产品免征增值税问题的通知》（财税〔2001〕121）规定，单一大宗饲料、混合饲料、配合饲料、复合预混料、浓缩饲料免税。财税〔2008〕81 号文件规定，农民专业合作社向本社成员销售的农膜、种子、种苗、化肥、农药、农机，免征增值税。

纳税人个人销售农产品月销售额未达 5000 元的，免征增值税。

（2）购进农产品可抵扣进项税额。财政部、国家税务总局《关于提高农产品进项税额抵扣率的通知》（财税〔2002〕12 号）规定，经国务院批准，从 2002 年 1 月 1 日起，增值税一般纳税人购进农业生产者销售的免税农业产品的进项税额扣除率由 10% 提高到 13%。财政部、国家税务总局《关于增值税一般纳税人向小规模纳税人购进农产品进项税额抵扣率问题的通知》（财税〔2002〕105 号）规定，增值税一般纳税人向小规模纳税人购买农产品，可按照财税〔2002〕12 号文件的规定，依 13% 的抵扣率抵扣进项税额。财税〔2008〕81 号文件规定，增值税一般纳税人从农民专业合作社购进的免税农业产品，可按 13% 的扣除率计算抵扣增值税进项税额。

上述文件说明，增值税一般纳税人购进农产品，不论是从农业生产者手中购买的还是从经营者手中购买的，也不论是自己开具的增值税专用收购凭证还是取得的普通发票或增值税专用发票，一律允许计算抵扣进项税额。

2. 企业所得税。《企业所得税法》规定,从事农、林、牧、渔业项目的所得可以免征、减征企业所得税。《企业所得税法》实施条例进一步明确了减免企业所得税的项目,包括:(1) 企业从事蔬菜、谷物、薯类、油料、豆类、棉花、麻类、糖料、水果、坚果的种植,农作物新品种的选育,中药材的种植,林木的培育和种植,牲畜、家禽的饲养,林产品的采集,灌溉、农产品初加工、兽医、农技推广、农机作业和维修等农、林、牧、渔服务业项目,远洋捕捞项目的所得,免征企业所得税。(2) 企业从事花卉、茶以及其他饮料作物和香料作物的种植,海水养殖、内陆养殖项目的所得,减半征收企业所得税。

3. 营业税。《营业税暂行条例》规定,农业机耕、排灌、病虫害防治、植保、农牧保险以及相关技术培训业务,家禽、水生动物的配种和疾病防治项目免征营业税。

财政部、国家税务总局《关于对若干项目免征营业税的通知》(财税字〔1994〕2 号)规定,将土地使用权转让给农业生产者用于农业生产,免征营业税。

国家税务总局《关于林木销售和管护征收流转税问题的通知》(国税函〔2008〕212 号)规定,纳税人单独提供林木管护劳务行为的收入中,属于提供农业机耕、排灌、病虫害防治、植保劳务取得的收入,免征营业税。

4. 其他税种

(1) 印花税:《中华人民共和国印花税暂行条例》及其施行细则规定,对国家指定的收购部门与村民委员会、农民个人书立的农副产品收购合同免纳印花税。财税〔2008〕81 号文件规定,对农民专业合作社与本社成员签订的农业产品和农业生产资料购销合同,免征印花税。《关于对保险公司征收印花税有关问题的通知》(国税地字〔1988〕37 号)规定,对农林作物、牧业畜类保险合同暂不贴花。

(2)土地使用税:《城镇土地使用税暂行条例》规定,直接用于农、林、牧、渔业生产用地,免征土地使用税。财政部、国家税务总局《关于房产税、城镇土地使用税有关政策的通知》(财税〔2006〕186 号)规定,在城镇土地使用税征收范围内经营采摘、观光农业的单位和个人,其直接用于采摘、观光的种植、养殖、饲养的土地,按照直接用于农、林、牧、渔业的生产用地的规定,免征城镇土地使用税。

(3)房产税:国家税务总局《关于调整房产税和土地使用税具体征税范围解释规定的通知》(国税发〔1999〕44 号)规定,对农林牧渔业用地和农民居住用房屋及土地,不征收房产税。

(4)耕地占用税:《耕地占用税暂行条例》(国务院令〔2007〕511 号)规定,农村居民占用耕地新建住宅,按照当地适用税额减半征收耕地占用税。

(5)车船税:《车船税暂行条例》规定,拖拉机、捕捞(养殖)渔船免征车船税。

(6)车辆购置税:财政部、国家税务总局《关于农用三轮车免征车辆购置税的通知》(财税〔2004〕66 号)规定,对农用三轮车免征车辆购置税。

(7)契税:《契税暂行条例实施细则》规定,纳税人承受荒山、荒沟、荒丘、荒滩土地使用权,用于农、林、牧、渔业生产的,免征契税。

问题 127：国家为了扶持"三农"发展，在农户融资方面有没有相关的税收优惠政策？

答：在现阶段，许多农民虽有一些比较好的实业、项目，但是却往往由于缺少资金而不能组织实施。为了支持农村金融发展，解决农民贷款难问题，经国务院批准，财政部和国家税务总局出台了《关于农村金融有关税收政策的通知》（财税〔2010〕4 号），该通知主要内容如下：

（一）自 2009 年 1 月 1 日至 2013 年 12 月 31 日，对金融机构农户小额贷款的利息收入，免征营业税。

（二）自 2009 年 1 月 1 日至 2013 年 12 月 31 日，对金融机构农户小额贷款的利息收入在计算应纳税所得额时，按 90% 计入收入总额。

（三）自 2009 年 1 月 1 日至 2011 年 12 月 31 日，对农村信用社、村镇银行、农村资金互助社、由银行业机构全资发起设立的贷款公司、法人机构所在地在县（含县级市、区、旗）及县以下地区的农村合作银行和农村商业银行的金融保险业收入减按 3% 的税率征收营业税。

（四）自 2009 年 1 月 1 日至 2013 年 12 月 31 日，对保险公司为种植业、养殖业提供保险业务取得的保费收入，在计算应纳税所得额时，按 90% 比例减计收入。

（五）本通知所称农户，是指长期（一年以上）居住在乡镇（不包括城关镇）行政管理区域内的住户，还包括长期居住在城关镇所辖行政村范围内的住户和户口不在本地而在本地居住一年以上的住户，国有农场的职工和农村个体工商户。位于乡镇（不包括城关镇）行政管理区域内和在城关镇所辖行政村范围内的国有经济的机关、团体、学校、企事业单位的集体户;有本地户口,但全家外出谋生一年以上的住户,无论是否保留承包耕地均不属于农户。农户以户为统计单位,既可以从事农业生产经营,也可以从事非农业生产经营。农户贷款的判定应以贷款发放时的承贷主体是否属于农户为准。

本通知所称小额贷款,是指单笔且该户贷款余额总额在 5 万元以下(含 5 万元)的贷款。

本通知所称村镇银行,是指经中国银行监督管理委员会依据有关法律、法规批准,由境内外金融机构、境内非金融机构企业法人、境内自然人出资,在农村地区设立的主要为当地农民、农业和农村经济发展提供金融服务的银行业金融机构。

本通知所称农村资金互助社,是指经银行业监督管理机构批准,由乡(镇)、行政村民和农村小企业自愿入股组成,为社员提供存款、贷款、结算等业务的社区互助性银行业金融机构。

本通知所称由银行业机构全资发起设立的贷款公司,是指经中国银行业监督管理委员会依据有关法律、法规批准,由境内商业银行或农村合作银行在农村地区设立的专门为县域农民、农业和农村经济发展提供贷款服务的非银行业金融机构。

本通知所称县(县级市、区、旗),不包括市(含直辖市、地级市)所辖城区。

本通知所称保费收入,是指原保险保费收入加上分保费收入减去分出保费后的余额。

（六）金融机构应对符合条件的农户小额贷款利息收入进行单独核算，不能单独核算的不得适用本通知第一条、第二条规定的优惠政策。

（七）适用暂免或减半征收企业所得税优惠政策至2009年底的农村信用社执行现有政策到期后，再执行本通知第二条规定的企业所得税优惠政策。

（八）适用本通知第一条、第三条规定的营业税优惠政策的金融机构，自2009年1月1日至发文之日应予免征或者减征的营业税税款，在以后的应纳营业税税额中抵减或者予以退税。

问题128：请问小型企业在向金融机构借款时有没有税收优惠政策？

答：根据《财政部、国家税务总局关于金融机构与小型微型企业签订借款合同免征印花税的通知》（财税〔2011〕105号）规定，为鼓励金融机构对小型、微型企业提供金融支持，促进小型、微型企业发展，自2011年11月1日起至2014年10月31日止，对金融机构与小型、微型企业签订的借款合同免征印花税。上述小型、微型企业的认定，按照《工业和信息化部 国家统计局 国家发展和改革委员会 财政部关于印发中小企业划型标准规定的通知》（工信部联企业〔2011〕300号）的有关规定执行。

问题129：一般纳税人生产销售的胡椒粉是否按照13%的税率征收增值税？

答：根据《财政部、国家税务总局关于调整农业产品增值税税率和若干项目征免增值税的通知》（财税字〔1995〕004

号)的规定：从 1994 年 5 月 1 日起,农业产品增值税税率已由 17% 调整为 13%。

根据《关于印发〈农业产品征税范围注释〉的通知》(财税〔1995〕52 号)第(五)规定：园艺植物是指可供食用的果实,如水果、果干(如荔枝干、桂园干、葡萄干等)、干果、果仁、果用瓜(如甜瓜、西瓜、哈密瓜等)以及胡椒、花椒、大料、咖啡豆等。

经冷冻、冷藏、包装等工序加工的园艺植物,也属于本货物的征税范围。各种水果罐头、果脯、蜜饯、炒制的果仁、坚果、碾磨后的园艺植物(如胡椒粉、花椒粉等),不属于本货物的征税范围。

因此,胡椒粉应当按照 17% 的税率征收增值税。

问题 130：我是一家新开业的生产矿泉水的公司,请问增值税的税率是 17% 还是 13%？

答：根据《中华人民共和国增值税暂行条例》规定：纯水和矿泉水增值税税率为 17%。因此,对年应税销售额达到或超过一般纳税人标准的纯水和矿泉水生产经营企业,按 17% 的税率计算征收增值税；未达到一般纳税人标准的均按照小规模纳税人依 3% 的征收率简易征收增值税。

问题 131：农业生产者销售自产农产品是否免征增值税？手续如何办理？

答：是免征增值税。根据《中华人民共和国增值税暂行条例》规定,农业生产者销售的自产农业产品免征增值税。纳税人享受这项税收优惠政策时需向税务机关提出申请,填写和提供相应书面资料,经税务机关审核认定后,纳税人具备减免资格,即可享受减免。税务机关在每年年末对纳税人享受减免资格进行审查,符合条件的,继续享受减免优惠。纳税人不必在每月纳税申报时都办理减免、审批手续。

问题 132：请问销售苗木、花卉、草坪是否属于财税字〔2001〕113 号文件中规定的免征增值税的若干农业生产资料？

答：根据 1995 年 6 月财政部、国家税务总局印发的《农业产品征税范围注释》,苗木、花卉、草坪属于应当免税的初级农业产品,且免税的范围只限于自产的农产品。对单位和个人外购农业产品生产、加工后销售的仍然属于农业产品的货物,则不属于免税范围,应当按照规定税率征收增值税。

对于财税字〔2001〕113 号文件中规定的免税的农业生产资料,是指农膜批发和零售种子、种苗、化肥、农药、农机,生产销售所列农药产品。而这里所说的苗木、花卉、草坪显然不在其中。

问题 133：直接收购茶农销售的茶青,经加工后出售,类似情况,是否征收增值税？

答：如果是农业生产者销售的自产农用产品就可免征增值税；如果是个人承包、直接收购茶农销售的茶青,再经筛分、风选、拣剔、碎块、干燥、匀堆等工序精制而成的精制茶,应当按照规定的税率征收增值税。

问题 134：淀粉加工企业生产的淀粉及其副产品（蛋白粉、玉米胚芽、玉米皮、玉米浆）等的增值税税率是多少？

答：根据《国家税务总局关于淀粉的增值税适用税率问题的批复》（国税函〔1996〕744 号）文件及财政部、国家税务总局《关于印发〈农业产品征税范围注释〉的通知》（财税字〔1995〕52 号）的规定，农业产品是指种植业、养殖业、林业、牧业、水产业生产的各种植物、动物的初级产品。从淀粉的生产工艺流程等方面看，淀粉不属于农业产品的范围，应按照 17％的税率征收增值税。

问题 135：我们是一家林木种苗公司，请问我们销售外购的种苗、花卉是否属于免税范围？

答：不属于免税范围。根据《增值税暂行条例》第十五条所列免税项目的第 1 项所称的"农业生产者销售的自产农业产品"是指直接从事种植、收割和动物的饲养、捕捞的单位和个人销售的注释所列的自产农业产品；对单位和个人销售的外购的农业产品以及单位和个人外购农业产品生产、加工后销售的仍然属于注释所列的农业产品，不属于免税范围，应当按照规定税率征收增值税。种苗、花卉属于《农业产品征税范围注释》所属农业产品征税范围植物类——其他植物范围。农业生产者销售的属自产的就应当予以免税，销售外购的以及外购后又生产、加工销售的就应当按照规定税率征收增值税。因此你公司外购的种苗、花卉不属于免税范围。

问题 136：一般纳税人销售的芝麻酱是按照植物油还是农副产品纳税，是适用 17％还是 13％的税率？

答：一般纳税人销售的芝麻酱不属于自产初级农产品，也不属于粮油产品的征税范围，因此应适用 17％的税率。

第 8 章　工业生产税收

问题 137： 我单位是增值税一般纳税人，购入商品委托其他公司进行简单加工，请问购进商品及支付加工费所取得的发票能否抵扣？

答： 你单位购进商品及支付加工费如能取得增值税专用发票，其进项税额可以抵扣。

问题 138： 我是增值税一般纳税人，发生销货退回怎么办？

答： 根据《增值税暂行条例实施细则》第十一条规定：小规模纳税人以外的纳税人（以下称"一般纳税人"）因销售货物退回或者折让而退还给购买方的增值税额，应从发生销售货物退回或者折让当期的销项税额中扣减；因购进货物退出或者折让而收回的增值税额，应从发生购进货物退出或者折让当期的进项税额中扣减。

一般纳税人销售货物或者应税劳务，开具增值税专用发票后，发生销售货物退回或者折让、开票有误等情形，应按国家税务总局的规定开具红字增值税专用发票。未按规定开具红字增值税专用发票的，增值税额不得从销项税额中扣减。

问题 139：我单位生产供残疾人使用的轮椅,销售给一家经营单位,该单位是一般纳税人,要求我单位开具增值税专用发票,我单位能否开具?

答：根据《国家税务总局关于修订〈增值税专用发票使用规定〉的通知》(国税发〔2006〕156 号)第十条规定：销售免税货物不得开具专用发票,法律、法规及国家税务总局另有规定的除外。

问题 140：包装物缴纳增值税如何进行会计处理?

答：随同产品出售但单独计价的包装物,按规定应缴纳增值税,在编制会计分录时,按价税合计金额,借记"银行存款"、"应收账款"等科目;按包装物单独计价所得价款,贷记"其他业务收入"科目,按增值税额贷记"应缴税金－应缴增值税(销项税额)"科目。企业对逾期未退还包装物而没收的押金,按规定应缴纳增值税,在编制会计分录时,按收取的押金(此时为含增值税的销售额),借记"其他应付款"科目;按规定的税率,将含增值税的押金收入,换算为不含增值税的销售额,贷记"其他业务收入"等科目;按换算为不含增值税的销售额和规定的税率计算的增值税,贷记"应缴税金－应缴增值税(销项税额)"科目。

问题 141：销售白酒收取包装物押金是否需要缴纳增值税?

答：《国家税务总局关于加强增值税征收管理若干问题的通知》(国税发〔1995〕192 号)规定：从 1995 年 6 月 1 日起,对销售除啤酒、黄酒外的其他酒类产品而收取的包装物押金,无论是否返还以及会计上如何核算,均应并入当期销售额征税。因此,该笔包装物押金收入应并入销售额一并缴纳增值税。

问题 142：纸业公司筛选材料损失是否需要进项税额转出?

答:按照《增值税暂行条例》等规定,非正常损失的购进货物,其进项税额不得从销项税额中抵扣。所谓"非正常损失",是指生产、经营过程中正常损耗外的损失,包括自然灾害损失、货物被盗窃、发生霉变等因管理不善造成的损失和其他非正常损失。从该纸业公司的生产流程来看,对废纸原料进行整理、选择,必然会去掉不符合生产要求的杂物。尽管这部分杂物所占原料的比例较大,但仍属于该纸业公司生产、经营过程中的正常损失。因此,该公司已申报的抵扣的增值税进项税额无需作进项税额转出。

问题 143：取得抵债货物能抵扣进项税额吗?

答:可以,因为国家税务总局国税发〔1996〕155 号《关于增值税若干征管问题的通知》第二条规定:"对商业企业采取以物易物、以货抵债、以物投资方式交易的,收货单位可以凭以物易物、以物抵债、以物投资书面合同以及与之相符的增值税专用发票和运输费用普通发票,确定进项税额,报经税务征收机关批准予以抵扣。"所以,根据以上规定,企业取得的以物抵债的货物可以凭书面合同及与之相符的增值税专用发票和普通运输发票向所属税务征收机关申报抵扣进项税额。

问题 144：一般纳税人生产的样品在展示使用之后折价处理的,进项税额是否要做转出?

答：根据《增值税暂行条例》第第十条第二项规定：非正常损失的购进货物及相关的应税劳务的进项税额不得从销项税额中抵扣。《增值税暂行条例实施细则》第二十四条规定：条例第十条第(二)项所称非正常损失,是指因管理不善造成被盗、丢失、霉烂变质的损失。一般纳税人生产的样品在展示使用之后折价处理的,按销售处理。对样品报废的,一般作进项转出。

问题 145：公司将生产的桌椅无偿捐赠给学校使用,请问是否需要缴纳增值税?

答：根据《中华人民共和国增值税暂行条例实施细则》第四条规定：单位或个体经营者的下列行为,视为销售货物：(一)将货物交付其他单位或者个人代销;(二)销售代销货物;(三)设有两个以上机构并实行统一核算的纳税人,将货物从一个机构移送其他机构用于销售,但相关机构设在同一县(市)的除外;(四)将自产或者委托加工的货物用于非增值税应税项目;(五)将自产、委托加工的货物用于集体福利或者个人消费;(六)将自产、委托加工或者购进的货物作为投资,提供给其他单位或者个体工商户;(七)将自产、委托加工或者购进的货物分配给股东或者投资者;(八)将自产、委托加工或者购进的货物无偿赠送其他单位或者个人。

所以,该公司所捐赠的桌椅为视同销售货物,应缴纳增值税。

问题 146：一般纳税人生产纯净水是否能按 3% 的税率征收增值税？

答：按照税法规定，只有生产销售自来水才能按简易办法依照 3% 的征收率计算缴纳增值税。自来水是指自来水公司及工矿企业经抽取、过滤、沉淀、消毒等工序加工后，通过供水系统向用户供应的水。纯净水和矿泉水不属于"自来水"的范围，应按 17% 的税率征税。

问题 147：个体户生产烧鸡要缴纳增值税吗？

答：增值税征税范围的特殊规定中明确提出"个体经营者及其他个人生产烧卤熟制食品的，应当征收增值税。"所以，生产烧鸡应当缴纳增值税。

问题 148：一般纳税人恢复抵扣后，停止抵扣期间的进项税额能否抵扣？

答：《中华人民共和国增值税暂行条例实施细则》第三十四条规定：有下列情形之一者，应按销售额依照增值税税率计算应纳税额，不得抵扣进项税额，也不得使用增值税专用发票：（一）一般纳税人会计核算不健全，或者不能够提供准确税务资料的；（二）除本细则第二十九条规定外，纳税人销售额超过小规模纳税人标准，未申请办理一般纳税人认定手续的。

此规定所称的不得抵扣进项税额是指纳税人在停止抵扣进项税额期间发生的全部进项税额，包括在停止抵扣期间取得的进项税额，上期留抵税额以及经批准允许抵扣的期初存货已征税款。

　　所以,纳税人经税务机关核准恢复抵扣进项税额资格后,其在停止抵扣进项税额期间发生的全部进项税额不得抵扣。

问题 149：企业生产混合饲料,是否不用缴纳增值税?

　　答：根据《财政部、国家税务总局关于饲料产品免征增值税问题的通知》中规定,混合饲料必须是由两种以上单一大宗饲料、粮食、粮食副产品及饲料添加剂按照一定比例配制,其中单一大宗饲料、粮食及粮食副产品的参兑比例不低于 95% 的饲料,才可以享受免征增值税的优惠。

问题 150：公司销售的农用三轮车是否算做"农机",能否享受免征增值税的政策?

　　答：根据《国家税务总局关于不带动力的手扶拖拉机和三轮农用运输车增值税政策的通知》(国税发〔2002〕89号)规定,三轮农用运输车(指以单缸柴油机为动力装置的三个车轮的农用运输车辆)属于"农机",应按有关"农机"的增值税政策免征增值税。根据上述文件以及《财政部　国家税务总局关于若干农业生产资料免征增值税政策的通知》(财税〔2001〕113 号)的规定,从事批发、零售农用三轮车的企业可以享受免征增值税的优惠待遇;而对生产销售农用三轮车的企业,则按 13% 的税率征收增值税。

问题 151：某公司本月收到一笔客户的违约延期付款利息款项,请问该公司应当申报增值税吗?

　　答：根据《增值税暂行条例》第六条规定,销售额为纳税人销售货物或者应税劳务向购买方收取的全部价款和价外费用,但是不包括收取的销项税额。对于价外费用,《增值税暂行条例实施细则》第十二条作了明确的解释:价外费用,包括价外向购买方收取的手续费、补贴、基金、集资费、返还利润、奖励费、违约金、滞纳金、延期付款利息、赔偿金、代收款项、代垫款项、包装费、包装物租金、储备费、优质费、运输装卸费以及其他各种性质的价外收费。因此,该公司收取的违约延期付款利息款项属于价外费用,应当申报缴纳增值税。

问题 152:企业自产自用的货物是否需要缴纳增值税?

答:应分不同情况处理。如果企业生产的货物用于连续生产应税货物的,不缴纳增值税;如果企业生产的货物用于非应税项目,如用于职工福利、办公等则视同销售计算缴纳增值税。

问题 153:公司取得的由联运公司开具的货运发票是否能够抵扣进项税额?

答:《国家税务总局关于货物运输业若干税收问题的通知》(国税发〔2004〕88 号)对此问题予以了明确的解释:增值税一般纳税人取得税务机关认定为自开票纳税人的联运单位和物流单位开具的货物运输业发票准予计算抵扣进项税额。准予抵扣的货物运费金额是指自开票纳税人和代开票单位为代开票纳税人开具的货运发票上注明的运费、建设基金和现行规定允许抵扣的其他货物运输费用;装卸费、保险费和其他杂费不予抵扣。货运发票应当分别注明运费和杂费,对未分别注明,而合并注明为运杂费的不予抵扣。

问题 154：粮食加工企业（为一般纳税人）将购进的粮食又委托给其他单位加工，收回后再出售，委托加工部分取得的进项税额能否抵扣？

答：依据《中华人民共和国增值税暂行条例实施细则》和有关增值税政策规定：只要你单位能够正确核算进销项税额与应纳税额，有合法的委托加工合同（由你单位提供原料及主要材料，受托方按照委托方的要求制造货物并收取加工费），可以凭取得的进项发票注明的进项税额抵扣委托加工部分的进项税额。

问题 155：公司将一部分原材料用于在建工程项目，是作进项税额转出还是按销售处理？

答：根据增值税有关规定，一般自产、委托加工的货物用于非应税项目时，视同销售处理；而已抵扣了税款的外购货物转用途时，作进项税额转出。因此，这部分外购原材料应当作进项税额转出。

问题 156：公司在对库存货物进行盘存时，出现盘盈情况，对盘盈的库存是否需要补征增值税？

答：按照现行增值税法规的规定，存货盘盈不构成应征增值税行为，因此企业发生存货盘盈时不需缴纳增值税，但在实现销售时应依法缴纳增值税。

问题 157：现在饲料生产企业免征增值税是否需要审批？由哪个税务机关进行审批？

答：需要审批。饲料生产企业生产的单一大宗饲料中的糠麸、酒糟和免税粕类产品免征增值税的审批工作，由县级国家税务局办理;其他产品免征增值税由市级国家税务局审批。

问题 158:一企业生产免税化肥,并负责送货上门,随同化肥销售时发生的运费是否需要缴纳增值税?

答:由于销售货物和运输货物发生在同一笔业务中,属于混合销售行为,销售额为货物销售收入和运输收入的合计,将销售额乘以适用税率得到应纳税额,因该项货物是免税的,所以该笔销售业务应纳税额为零。所以该企业销售免税化肥时发生的运费收入不需缴纳增值税。

问题 159:纳税人销售自产货物,提供增值税应税劳务并同时提供建筑业劳务,符合规定条件可以分别征收增值税、营业税,哪些属于"自产货物"?

答:《国家税务总局关于纳税人销售自产货物提供增值税劳务并同时提供建筑业劳务征收流转税问题的通知》(国税发〔2002〕117 号)中规定"本通知所称自产货物"是指:

1. 金属结构件:包括活动板房、钢结构房、钢结构产品、金属网架等产品;

2. 铝合金门窗;

3. 玻璃幕墙;

4. 机器设备、电子通讯设备;

5. 国家税务总局规定的其他自产货物。

问题 160:生产企业购进的模具是作为固定资产管理,还是作为低值易耗品?是否可以抵扣进项税额?

答:固定资产是指使用期限超过一年的房屋、建筑物、机械、运输工具，以及其他与生产经营相关的设备、器具、工具等。对生产企业所购进的模具应该根据其实际情况来确认是否为固定资产。

如果作为固定资产核算，根据《关于全国实施增值税转型改革若干问题的通知》（财税〔2008〕170 号）规定：自 2009 年 1 月 1 日起，增值税一般纳税人（以下简称纳税人）购进（包括接受捐赠、实物投资）或者自制（包括改扩建、安装）固定资产发生的进项税额（以下简称固定资产进项税额），可根据《中华人民共和国增值税暂行条例》和《中华人民共和国增值税暂行条例实施细则》的有关规定，凭增值税专用发票、海关进口增值税专用缴款书和运输费用结算单据（以下简称增值税扣税凭证）从销项税额中抵扣，其进项税额应当记入“应缴税金—应缴增值税（进项税额）”科目。同时又规定：纳税人允许抵扣的固定资产进项税额，是指纳税人 2009 年 1 月 1 日以后（含 1 月 1 日）实际发生，并取得 2009 年 1 月 1 日以后开具的增值税扣税凭证上注明的或者依据增值税扣税凭证计算的增值税税额。

如果作为低值易耗品，可以按照取得的增值税专用发票上注明的税款抵扣。

问题 161：汽车用油和购买的办公用品如果取得增值税专用发票，可否进行抵扣？自建用房所购的建筑用品在取得增值税专用发票后可否抵扣？

答：根据《中华人民共和国增值税暂行条例》第十条规定，下列项目的进项税额不得从销项税额中抵扣：（一）用于非增值税应税项目、免征增值税项目、集体福利或者个人消费的购进货物或者应税劳务;(二)非正常损失的购进货物及相关的应税劳务;(三)非正常损失的在产品、产成品所耗用的购进货物或者应税劳务;(四)国务院财政、税务主管部门规定的纳税人自用消费品;(五)本条第(一)项至第(四)项规定的货物的运输费用和销售免税货物的运输费用。所以,如果购进办公用品和汽油取得进项票,可以抵扣进项税额;自建用房所购的建筑用品属于非应税项目,即使取得增值税专用发票也不可以抵扣进项税额。

问题 162:某公司为一般纳税人,该公司向个体户收购的经脱毛、油炸过的生禽是否属于农产品? 能否抵扣这些进项税额?

答:根据《财政部、国家税务总局关于印发〈农业产品征税范围注释〉的通知》(财税字〔1995〕052 号)文件规定,肉类熟制品不属于农业产品的范围,所以该公司向个体户收购的经脱毛、油炸过的禽类,不属于农产品的范围。该公司不能对从个体户手中收购的经脱毛、油炸过的禽类开具收购发票,取得的由个体户开具的普通发票也不能抵扣进项税额。

问题 163:工业企业增值税一般纳税人从废旧物资回收单位购进废旧物资怎样抵扣?

答:生产企业增值税一般纳税人购入废旧物资回收经营单位销售的废旧物资,可按照废旧物资经营单位开具的由税务机关监制的普通发票上注明的金额,按 10% 计算抵扣进项税额。

问题 164：A 向 B 销售货物，请问 B 在丢失 A 由防伪税控系统开具的增值税专用发票，且 B 还没有抵扣该税款时，要向 A 退货，B 应在当地税务机关怎么处理？A 怎样才能冲减收入？

答：由于发票丢失，销货单位出具的丢失发票的存根联复印件及销货方所在地主管税务机关出具的"增值税一般纳税人丢失防伪税控开具增值税专用发票已抄报税证明单"，交购货方。购货方 B 企业可以到主管税务机关开具《企业进货退出及索取折让证明单》后，将货物退回。销售方 A 收到《企业进货退出及索取折让证明单》后，根据退回货物的数量、价款开具红字专用发票，冲减销售收入。

问题 165：利用废玻璃（碎酒瓶）生产玻璃制品（啤酒瓶）是否免征增值税？

答：根据《财政部、国家税务总局关于废旧物资回收经营业务有关增值税政策的通知》（财税〔2001〕78 号）文件精神：自 2001 年 5 月 1 日起，对废旧物资回收经营单位销售其收购的废旧物资免征增值税。废旧物资，是指在社会生产和消费过程中产生的各类废弃物品，包括经过挑选、整理等简单加工后的各类废弃物品。利用废旧物资加工生产的产品不享受废旧物资免征增值税的政策。生产企业增值税一般纳税人购入废旧物资回收经营单位销售的废旧物资，可按照废旧物资回收经营单位开具的由税务机关监制的废旧物资销售发票上注明的金额，按 10% 计算抵扣进项税额。

所以你单位利用废碎玻璃生产玻璃制品不享受免征增值税的税收优惠。但可根据废旧物资回收经营单位开具的发票上注明的金额,按 10% 计算抵扣进项税额。

问题 166:某年均销售额为 300 万元左右的企业,按小规模纳税人纳税。税务机关检查时明确应按税率 17% 缴税,且不能抵扣任何进项税额,税务机关的处理正确吗?

答:《中华人民共和国增值税暂行条例实施细则》第三十四条规定,有下列情形之一者,应按销售额依照增值税税率计算应纳税额,不得抵扣进项税额,也不得使用增值税专用发票:(一)一般纳税人会计核算不健全,或者不能够提供准确税务资料的;(二)除本细则第二十九条规定外,纳税人销售额超过小规模纳税人标准,未申请办理一般纳税人认定手续的。

根据国家税务总局的有关规定,工业企业一般纳税人的标准是年应税销售额在 100 万元以上。

所以,税务机关的处理是正确的。

问题 167:某公司属一般纳税人,其账外经营取得收入 117 万元未申报纳税,但其账外经营部分取得的进项税额 10 万元也未申报抵扣,其偷税数额应为 17 万元,还是 7 万元?

答:根据《国家税务总局关于增值税一般纳税人发生偷税行为如何确定偷税数额和补税罚款的通知》(国税发〔1998〕66 号)第二条的规定:纳税人的偷税手段如属账外经营,即购销活动均不入账,其不缴或少缴的应纳增值税额

即偷税额为账外经营部分的销项税额抵扣账外经营部分中已销货物进项税额后的余额。已销货物的进项税额按下列公式计算:

已销货物进项税额＝账外经营部分购货的进项税额－账外经营部分存货的进项税额。

但是根据《国家税务总局关于调整增值税扣税凭证抵扣期限有关问题的通知》(国税函〔2009〕617号)规定:(1)增值税一般纳税人取得2010年1月1日以后开具的增值税专用发票、公路内河货物运输业统一发票和机动车销售统一发票,应在开具之日起180日内到税务机关办理认证,并在认证通过的次月申报期内,向主管税务机关申报抵扣进项税额。(2)实行海关进口增值税专用缴款书(以下简称海关缴款书)"先比对后抵扣"管理办法的增值税一般纳税人取得2010年1月1日以后开具的海关缴款书,应在开具之日起180日内向主管税务机关报送《海关完税凭证抵扣清单》(包括纸质资料和电子数据)申请稽核比对。未实行海关缴款书"先比对后抵扣"管理办法的增值税一般纳税人取得2010年1月1日以后开具的海关缴款书,应在开具之日起180日后的第一个纳税申报期结束以前,向主管税务机关申报抵扣进项税额。(3)增值税一般纳税人取得2010年1月1日以后开具的增值税专用发票、公路内河货物运输业统一发票、机动车销售统一发票以及海关缴款书,未在规定期限内到税务机关办理认证、申报抵扣或者申请稽核比对的,不得作为合法的增值税扣税凭证,不得计算进项税额抵扣。

问题 168：如果采用代垫运费方式,取得运输发票的一方,其承运方与收款方能一致吗? 如果不一致,能否抵扣?

答：增值税一般纳税人外购或销售货物所支付的运输费用(代垫运费除外),根据运费结算单所列运费金额,依7%的扣除率计算进项税额准予抵扣。同时,货票各项目如发货人、收货人、起运地、到达地、运输方式、货物名称、货物数量、运输单价、运费金额等项目的填写必须齐全,与购货发票上所列项目必须相符。对于代垫运费同时符合以下两个条件的,不算价外费用,不能抵扣进项税额:一是承运部门的发票开具给购货方,二是由纳税人将该项发票转交给购货方。您所说的如果符合以上条件,则代垫运费不能抵扣。

问题 169：棉花加工企业在从农民手中收购棉花时有籽棉、皮棉,是否均可以开具收购发票进行抵扣?

答：根据财税字(1995)52 号文件规定:籽棉、皮棉属于棉花的范围,可以开具收购发票进行抵扣。

问题 170：某公司为一般纳税人,能够详细核算增值税的进、销项税额。请问该公司用于修建伙房、车棚及非生产用电进项税额是否应该转出?

答：《中华人民共和国增值税暂行条例》第十条规定,下列项目的进项税额不得从销项税额中抵扣:

(一)用于非增值税应税项目、免征增值税项目、集体福利或者个人消费的购进货物或者应税劳务;

(二)非正常损失的购进货物及相关的应税劳务;

（三）非正常损失的在产品、产成品所耗用的购进货物或者应税劳务；

（四）国务院财政、税务主管部门规定的纳税人自用消费品；

（五）本条第（一）项至第（四）项规定的货物的运输费用和销售免税货物的运输费用。

非应税项目，是指提供非应税劳务，转让无形资产，销售不动产和固定资产在建工程等。

非应税劳务，是指属于应缴营业税的交通运输业、建筑业、金融保险业、邮电通信业、文化体育业、娱乐业、服务业税目征收范围的劳务。

所以，该公司用于修建伙房、车棚及非生产用电进项税额应该转出，依据是用于非应税项目是适当的。

问题 171：某增值税发票中第一行开具的货物是正数，第二行开具的折扣是负数，合计金额为正数，请问：是否应按合计数额确认货物的价值和进项税额？

答：该发票所反映的行为应该为以折扣方式销售货物，对该行为，如果销售额和折扣额是在同一张发票上分别注明的，可以按折扣后的销售额征收增值税；如果将折扣额另开发票，不论其在财务上如何处理，均不得从销售额中减除折扣额。

问题 172：为汽车生产企业提供索赔维修服务的企业，因生产企业与维修企业对所耗工时、材料确认上存在差异，请问维修企业应何时确认收入、税金？

答：从实际操作情况看，许多维修企业对"三保"期内的汽车维修不向用户收取费用而向汽车生产厂家进行索赔，维修公司月末按维修所耗工时、材料的数量以及汽车生产厂规定的单位金额向厂家索赔，厂家次月应将确认的索赔金额通知维修企业。但由于双方对所耗工时、材料在确认上存在差异，因此索赔金额与厂家确认金额就不同。

根据总局国税函发〔1995〕288 号文件规定：货物的生产企业为搞好售后服务，支付给经销企业修理费用，作为经销企业为用户提供售后服务的费用支出，对经销企业从货物的生产企业取得的"三包"收入，应依照"修理修配"按 17% 的税率征收增值税。同时根据税法中关于纳税义务发生时间的有关规定，维修企业确认这笔收入及税金的时间应当为收讫修理费用或取得合法凭据的当天。

问题 173：某企业利用猪、马、牛、鸡等牲畜粪便加工成有机肥料，专供菜农种菜使用，能否享受优惠政策？

答：根据现行规定，目前化肥生产企业只有尿素产品享受增值税先征后返优惠政策。企业加工的有机肥料也不属于财税〔2001〕113 号文件所规定的免征增值税的范围，因此该企业应该照章缴纳增值税。

问题 174：以销定产的企业，对方退货往往会造成产品报废，如对构成产品实体的材料重新回用，请问：能否不做进项税额转出，依据是什么？

答：《中华人民共和国增值税暂行条例》第十条规定："非正常损失的在产品、产成品所耗用的购进货物或者应税劳务"所包含的进项税额不得抵扣。

根据上述情况，因购销合同的终止而造成的成品报废应当属于"非正常损失",且尚未实现销售,因而在会计处理中应当做进项税额转出。之所以这样规定,是因为国家考虑到纳税人的这部分损失与本次生产经营活动没有直接关系,这部分非正常损失中的进项税额不应由国家承担。

问题 175：啤酒生产企业在啤酒生产过程中产生的下脚料酒糟属于单一大宗饲料,只能用于饲养牲畜,酒糟已办理免征增值税手续,进项税额是否应该转出？如需转出,如何计算？

答：进项税额应该转出。

依据国税发〔1995〕288 号文件规定：纳税人兼营免税项目或非应税项目(不包括固定资产在建工程)而无法准确划分不得抵扣的进项税额的,按下列公式计算不得抵扣的进项税额：

不得抵扣的进项税额＝当月全部进项税额×(当月免税项目销售额、非应税项目营业额合计/当月全部销售额、营业额合计)

纳税人兼营免税项目或非应税项目而无法准确划分不得抵扣的进项税额的,按当月免税项目销售额、非应税项目营业额占当月全部销售额、营业额的比例,乘以当月全部进项税额的公式,计算不得抵扣的进项税额。对由于纳税人月度之间购销不均衡,按上述公式计算出现不得抵扣的进项税额不实的现象,税务征收机关可采取按年度清算的办法,即：年末按当年的有关数据计算当年不得抵扣的进项税额,对月度计算的数据进行调整。

问题 176：一般纳税人加工蔬菜后用真空塑料包装，并非玻璃瓶包装，如真空包装的榨菜丝等，增值税税率应为多少？

答：蔬菜是指可作为副食的草本、木本植物的总称。本货物的征税范围包括各种蔬菜、菌类植物和少数可作副食的木本植物。经晾晒、冷藏、冷冻、包装、脱水等工序加工的蔬菜、腌菜、咸菜、酱菜和盐渍蔬菜等，也属于本货物的征税范围。根据财税字〔1995〕52 号文件：各种蔬菜罐头（罐头是指以金属罐、玻璃瓶和其他材料包装，经排气密封的各种食品）不属于本货物的征税范围。真空包装的榨菜丝，应按 17% 征税。

问题 177：如果开票单位和收款单位不一致，请问该项增值税专用发票能否抵扣？

答：现实中可能存在买方经中介人介绍向卖方购买原材料，卖方开具增值税专用发票给买方，但买方支付款项的收款人却为中介方等情况。对这种情况，根据《国家税务总局关于加强增值税征收管理若干问题的通知》（国税发〔1995〕192 号）第一条第三款之规定，即：购进货物或应税劳务支付货款、劳务费用的对象。纳税人购进货物或应税劳务，支付运输费用，所支付款项的单位必须与开具抵扣凭证的销货单位、提供劳务的单位一致，才能够申报抵扣进项税额，否则不予抵扣。所以上述情况不能抵扣。

问题 178：我公司准备办理注销,请问库存材料已抵扣的进项税额是否需要做进项税额转出处理,并补缴增值税？

答：你公司库存材料已抵扣的进项税额不需要做进项税额转出处理,待库存材料销售时缴增值税。公司办理税务注销手续,应当在公司办理清算、注销营业执照后,再办理税务登记注销。

问题 179：我公司是一个工业企业,现低价处理使用过的废机油,请问是按 17% 的税率还是按 4% 的减半缴纳增值税？

答：根据《财政部、国家税务总局关于旧货和旧机动车增值税政策的通知》(财税〔2002〕29 号)规定：纳税人销售旧货(包括旧货经营单位销售旧货和纳税人销售自己使用的应税固定资产),无论其是增值税一般纳税人或小规模纳税人,也无论其是否为批准认定的旧货调剂试点单位,一律按 4% 的征收率减半征收增值税,不得抵扣进项税额。

你企业低价处理使用过的废机油不属于上述销售旧货或销售自己使用过的应税固定资产范围之内,如是一般纳税人,应按 17% 的税率计算缴纳增值税。

问题 180：对蔬菜进行脱水加工如何征税？

答：经晾晒、冷藏、冷冻、脱水、包装等工序加工的蔬菜,应按 13% 的税率征收增值税。

问题 181：粮油加工企业在加工过程中下来的麸皮、豆饼是否免税？若免税，免税部分所抵扣的进项税额是否作进项税额转出？

答：《财政部、国家税务总局关于饲料产品免征增值税问题的通知》（财税〔2001〕121 号）规定免税饲料产品范围包括单一大宗饲料。单一大宗饲料是指以一种动物、植物、微生物或矿物质为来源的产品或其副产品，其范围仅限于糠麸、酒糟、鱼粉、草饲料、饲料级磷酸氢钙及除豆粕以外的菜子粕、棉子粕、向日葵粕、花生粕等粕类产品。

免税部分所抵扣的进项税额应作进项税额转出。《中华人民共和国增值税暂行条例实施细则》第二十六条规定，一般纳税人兼营免税项目或者非增值税应税劳务而无法划分不得抵扣的进项税额的，按下列公式计算不得抵扣的进项税额：

不得抵扣的进项税额＝当月无法划分的全部进项税额×当月免税项目销售额、非增值税应税劳务营业额合计÷当月全部销售额、营业额合计

问题 182：企业发出商品，但没有购销合同，只有出库单，款项没有结算，是否应记收入和计提销项税额？依据是什么？

答：根据《中华人民共和国增值税暂行条例》第十九条规定，增值税纳税义务发生时间：（一）销售货物或者应税劳务，为收讫销售款项或者取得索取销售款项凭据的当天；先开具发票的，为开具发票的当天。（二）进口货物，为报关进口的当天。增值税扣缴义务发生时间为纳税人增值税

纳税义务发生的当天。

《中华人民共和国增值税暂行条例实施细则》第三十八条规定:条例第十九条第一款第(一)项规定的收讫销售款项或者取得索取销售款凭据的当天,按销售结算方式的不同,具体为:

(一)采取直接收款方式销售货物,不论货物是否发出,均为收到销售款或者取得索取销售款凭据的当天;

(二)采取托收承付和委托银行收款方式销售货物,为发出货物并办妥托收手续的当天;

(三)采取赊销和分期收款方式销售货物,为书面合同约定的收款日期的当天,无书面合同的或者书面合同没有约定收款日期的,为货物发出的当天;

(四)采取预收货款方式销售货物,为货物发出的当天,但生产销售生产工期超过12个月的大型机械设备、船舶、飞机等货物,为收到预收款或者书面合同约定的收款日期的当天;

(五)委托其他纳税人代销货物,为收到代销单位的代销清单或者收到全部或者部分货款的当天。未收到代销清单及货款的,为发出代销货物满180天的当天;

(六)销售应税劳务,为提供劳务同时收讫销售款或者取得索取销售款的凭据的当天;

(七)纳税人发生本细则第四条第(三)项至第(八)项所列视同销售货物行为,为货物移送的当天。

如该批货物无购销合同,应按照上述第(一)项之规定的纳税义务发生时间计销售收入和计提销项税额。

第 9 章 商业买卖税收

问题 183： 某煤炭运销公司为一般纳税人，公司以融资租赁方式取得运输车辆 8 台，该公司销售原煤时，运费已随销煤款开具增值税专用发票并计提销项税，请问，该公司用于运输车辆的汽油可否抵扣增值税？

答：根据规定，如果这 8 辆汽车确实为你公司运输煤炭，取得的增值税专用发票的购货单位是你公司，且购进汽油的款项由你公司支付，则这 8 辆货车发生的耗油取得的增值税专用发票在规定的时限内认证后可以按照规定抵扣进项税额。

问题 184： 某增值税小规模纳税人于 4 月份签订了赊销合同并已发货，约定于 6 月份收款，该纳税人于 5 月底被认定为增值税一般纳税人。那该纳税人就此笔业务是按一般纳税人还是按小规模纳税人计算缴纳增值税？

答：根据《中华人民共和国增值税暂行条例实施细则》第三十八条规定：条例第十九条第（一）项规定的销售货物或者应税劳务的纳税义务发生时间，按销售结算方式的不同，具体为：（三）采取赊销和分期收款方式销售货物，为书面合同约定的收款日期的当天，无书面合同的或者书面合同没有约定收款日期的，为货物发出的当天。

因此,该纳税人采取赊销方式销售货物,应在 6 月份收款时确认收入并计算缴纳增值税,此时已被认定为一般纳税人,所以应按一般纳税人计算缴纳增值税。

问题 185：某单位从小规模纳税人升级到一般纳税人,升级前有一部分库存商品(未有进项税额)是在升级后销售的。请问这部分商品的销售收入应如何计税,以 17%,还是仍以 3%计税?

答：企业认定一般纳税人后,按增值税一般纳税人管理,其商品的销售收入按增值税一般纳税人适用税率征税(17%或 13%)。该单位由小规模纳税人认定一般纳税人后销售的商品(包括库存商品)应按适用税率计提销项税额。

问题 186：某公司是一般纳税人,替别人代销一批商品,按合同规定的价格销售,没有利润,还用申报纳税吗?

答：《中华人民共和国增值税暂行条例实施细则》第四条第二项规定,单位或个体经营者销售代销货物,视同销售货物。所以该公司代销别人的商品应视同销售货物行为,应计提销项税额进行申报,如果该公司能够取得委托方开具的增值税专用发票的话,可以作为进项税额进行抵扣。

问题 187：某企业是增值税一般纳税人,主要经营花卉批发和零售业务。请问：经营花卉所适用的增值税税率是多少? 应如何计算应缴纳的税款?

答：花卉作为植物的一种,属于农业产品的范围。根据财政部、国家税务总局《关于部分货物适用增值税低税率和简易办法征收增值税政策的通知》(财税〔2009〕9 号)文件的规定,农产品适用 13％的增值税税率。农产品,是指种植业、养殖业、林业、牧业、水产业生产的各种植物、动物的初级产品。具体征税范围暂继续按照《财政部国家税务总局关于印发〈农业产品征税范围注释〉的通知》(财税字〔1995〕52 号)及现行相关规定执行。因此,销售花草,适用 13％的税率。如果花草是从其他花卉批发商购进的,其进项税额为增值税专用发票上注明的税款;从花农那里直接购进的,其允许抵扣的进项税额应为买价乘以 13％;当月应纳税额为销项税额减去进项税额后的余数。

问题 188:以旧换新销售电脑,能扣除旧货价值缴税吗?

答:根据《国家税务总局关于增值税若干具体问题的规定》(国税发〔1993〕154 号)第二条第三款规定:纳税人采取以旧换新方式销售货物,应按新货物的同期销售价格确定销售额。所以,采取以旧换新方式销售电脑,不能扣除旧电脑的价值后作为销售额缴纳增值税。

问题 189:某商场的金银首饰以旧换新业务是按新首饰的价格还是按扣减后价格确定销售额?

答:根据《财政部、国家税务总局关于金银首饰等货物征收增值税问题的通知》(财税字〔1996〕74 号)规定,对金银首饰以旧换新业务,可以按销货方实际收取的不含增值税的全部价款征收增值税。所以该商场如果只收取差价,就可以按差价确定销售额。

问题 190： 某工程公司所签订的合同为"供货及安装合同"，应该缴纳增值税还是营业税？如果签订的是"施工合同"（内容是供货及安装）应缴纳增值税还是营业税？

答：工程公司签订合同，提供货物并负责安装，属于增值税应税行为，应缴纳增值税。无论您公司签订的合同名称是"供货及安装合同"还是"施工合同"，只要合同的实质内容是提供货物并负责安装，按照规定都应缴纳增值税。

问题 191： 某商业企业购进一批新鲜的香菇后，将其晒干并分包，出售时适用的增值税税率是多少？

答：根据《财政部　国家税务总局关于印发〈农业产品征税范围注释〉的通知》（财税字〔1995〕52 号）中对农业产品征税范围的注释：蔬菜是指可作副食的草本、木本植物的总称。本货物的征税范围包括各种蔬菜、菌类植物和少数可作副食的木科植物。经晾晒、冷藏、冷冻、包装、脱水等工序加工的蔬菜、腌菜、咸菜、酱菜和盐渍蔬菜等，也属于本货物的征税范围。因此，经晒干及分包的香菇的增值税税率为 13％。

问题 192： 商家在购进产品时，厂家无偿赠送一批货物，发票只开产品的售价，赠品不收款不开票。商家在销售商品时赠品也同样不收款不开票。问商家赠送的赠品是否应缴纳增值税？

答：根据《增值税暂行条例实施细则》第四条规定：单位和个体经营者将自产、委托加工或购买的货物无偿赠送他人，视同销售货物。所以厂家要对其随同销售的赠品一并征收增值税,同样商家在销售商品时赠送的赠品也要征收增值税。

👆 **问题 193:某公司是增值税一般纳税人,购入的材料在运输途中发生车祸损失了 50%,那该公司需要进项税额转出吗?**

答:根据《中华人民共和国增值税暂行条例》第十条有关规定,非正常损失的购进货物不得抵扣进项税额,应作进项税额转出。

👆 **问题 194:某公司销售果汁收取的包装桶押金是否要并入销售额征收增值税?**

答:国家税务总局 1993 年 12 月 28 日印发的《增值税若干具体问题的规定》(国税发〔1993〕154 号)第二条"计税依据"第一项中规定:纳税人为销售货物而出租出借包装物收取的押金,单独记账核算的,不并入销售额征税。但对因逾期未收回包装物不再退还的押金,应按所包装货物的适用税率征收增值税。

同时,于 2004 年 7 月 1 日开始执行的《国家税务总局关于取消包装物押金逾期期限审批后有关问题的通知》(国税函〔2004〕827 号)对"逾期"作出了统一的规定,即:纳税人为销售货物出租出借包装物而收取的押金,无论包装物周转期限长短,超过一年(含一年)以上仍不退还的均并入销售额征税。

因此,若该公司收取的包装桶押金是单独记账核算,且至 2004 年 7 月 1 日止未超过 1 年期限的,则不并入销售额征税;若至 2004 年 7 月 1 日止已超过 1 年期限的,则应并入销售额征税。

问题 195：某公司是销售计算机及配件的一般纳税人，税率为 17%，有时也为客户维修电脑，请问收取的维修费的税率是多少？可否开具增值税专用发票？

答：根据《中华人民共和国增值税暂行条例》第二条第四项规定，纳税人提供加工、修理修配劳务，税率为 17%。

因此，该公司为客户维修电脑属修理修配劳务，税率为 17%。如果偶而发生并且与销售没有分开核算的，可以开具增值税专用发票；如果销售和维修分开核算，该公司可以向主管税务机关提出申请领购增值税专用发票。

问题 196：有奖促销活动中的用于促销用的小件物品（另行购入的小礼品），是否应当视同销售缴纳增值税？

答：根据《中华人民共和国增值税暂行条例实施细则》第四条第八款规定，将自产、委托加工或购买的货物无偿赠送他人的行为应视同销售。所以，在有奖促销活动中的用于促销用的小件物品（另行购入的小礼品），应当视同销售缴纳增值税。

问题 197：某个体户新办了一农机零售门市部，税务人员说定期定额征收不能享受免税，要免税就必须建账，请问：这种说法对吗？

答：自 2001 年 8 月 1 日起对于批发和零售的种子、种苗、化肥、农药、农机免征增值税，但销售农机零配件不属于免税的范围。该个体户新办的门市部如果账证健全，而且能分清应税与免税项目，可以就销售的农机整机部分享受免税的待遇,但是如果不能分清应税与免税项目,税务机关就会对全部的销售额进行征税。

问题 198:某公司为一般纳税人,于 5 月出售的原材料在运输过程中不慎破损,经协商由运输公司赔偿,请问该公司收到的赔偿款是否需要缴纳增值税?

答:根据以上所述情况,若承运部门所赔付的款项属于购买性质的赔偿,则该公司收取的赔偿款应属于销售额的一部分,应按规定计算缴纳增值税;若承运部门的行为仅仅属于补偿性质的赔付,即这部分赔偿款不包含在销售额中,则不必计算缴纳增值税。

问题 199:某经营数码相机等产品的增值税一般纳税人商业企业,对于厂家按季度给该商业企业的广告费应如何计税?

答:厂家给的广告费应属于返利,按照国税发〔1997〕167 号文件规定:因购买货物从销售方取得的各种形式的返还资金,均应依所购货物的增值税税率计算应冲减的进项税额,并从其取得返还资金当期的进项税额中予以冲减。

问题 200:销售电视器材的商业企业如果开展网络施工业务,是否要去地税申请营业税发票?

答:根据《中华人民共和国增值税暂行条例实施细则》第五条第一款规定:一项销售行为如果既涉及货物又涉及非增值税应税劳务,为混合销售行为。除本细则第六条的规定外,从事货物的生产、批发或者零售的企业、企业性单位和个体工商户的混合销售行为,视为销售货物,应当缴纳增值税;其他单位和个人的混合销售行为,视为销售非增值税应税劳务,不缴纳增值税。"以从事货物的生产、批发或零售为主,并兼营非应税劳务",是指纳税人的年货物销售额与非增值税应税劳务营业额的合计数中,年货物销售额超过50%,非增值税应税劳务营业额不到50%。如果销售电视器材和开展网络施工业务不是发生在同一购买者身上,属于兼营非应税劳务,对兼营行为不分别核算或者不能准确核算的,其非应税劳务应与货物或应税劳务一并征收增值税,如果能分别核算,可以就开展的网络施工业务到地税申请建筑业发票。

问题 201: 某大型超市为一般纳税人,最近从一小规模企业购进一批加工过的鸡肉,该企业给超市开具普通发票,那该超市能否抵扣进项税额? 怎样抵扣?

答:根据《财政部、国家税务总局关于增值税一般纳税人向小规模纳税人购进农产品进项税额抵扣率问题的通知》(财税〔2002〕105号)和《关于印发〈农业产品征税范围注释〉的通知》(财税〔1995〕52号),您单位购进小规模企业的该批生鸡肉,可以按照取得的普通发票上注明的价款和13%的扣除率计算抵扣进项税额。

问题 202: 销售农机配件,四轮拖拉机属不属于免税产品?

答:根据规定,纳税人销售农机配件的不属于免税范围,但如果销售的是农用整机的,如四轮拖拉机,则属于免税范围。

问题 203：某建材零售商，销售油漆时一并提供了油漆墙壁劳务，请问应如何缴税？

答：根据《中华人民共和国增值税暂行条例实施细则》第五条第一款规定：一项销售行为如果既涉及货物又涉及非应税劳务，为混合销售行为。从事货物的生产、批发或零售企业、企业性单位及个体经营者的混合销售行为，视为销售货物，应当征收增值税；其他单位和个人的混合销售行为，视为非应税劳务，不征收增值税。因此你销售油漆时一并提供油漆墙壁劳务，发生的混合销售行为应缴纳增值税。

问题 204：三轮农用运输车是否属于农机产品？销售三轮农用运输车适用多少税率？

答：根据《财政部　国家税务总局关于不带动力的手扶拖拉机和三轮农用运输车增值税政策的通知》规定，不带动力的手扶拖拉机（也称"手扶拖拉机底盘"）和三轮农用运输车（指以单缸柴油机为动力装置的三个车轮的农用运输车辆）属于"农机"产品，适用13％的税率。

问题 205：折扣销售和销售折扣在税务处理上有何区别？

答：折扣销售是指销货方在销售货物或应税劳务时，因购货方购货数量较大等原因而给予购货方的价格优惠。由于折扣是在实现销售时同时发生的，因此，税法规定，如果销售额和折扣额在同一张发票上分别注明的，可按折扣后的余额作为销售额计算增值税；如果将折扣额另开发票，不论其在财务上如何处理,均不得从销售额中减除折扣额。而销售折扣是指销货方在销售货物或应税劳务后,为了鼓励购货方及时偿还货款而协议许诺给予购货方的一种折扣优待。销售折扣发生在销货之后,是一种融资性质的理财费用,因此,销售折扣不得从销售额中减除。

问题 206:公司以一辆原价为 25 万元的轿车抵顶欠款 20 万元(该小汽车已使用一年,账面净值为 19 万余元)。那该项债务重组业务是否需要缴纳增值税?

答:债务方公司以非现金资产清偿债务,应按公允价值销售非现金资产处理,再以与非现金资产公允价值相当的金额偿还债务两项业务处理。对于销售非现金资产——小轿车来说,按照《财政部 国家税务总局关于旧货和旧机动车增值税政策的通知》(财税〔2002〕29 号)第二条规定:纳税人销售自己使用过的属于应征消费税的机动车、摩托车、游艇,售价超过原值的,按照 4% 的征收率减半征收增值税;售价未超过原值的,免征增值税。如果双方的豁免债务协议符合法律规定且该公司转让价值低于原值,应免征增值税。

问题 207:商业企业平价购进商品或低于进价销售是否违反税法规定?

答:税法对购销价格的高低并无规定,但企业只要收到厂家的返利,不论企业以何种方式取得,均应冲减当期进项税额。根据国税发〔1997〕167 号文件:自 1997 年 1 月 1 日起,凡增值税一般纳税人,无论是否有平销行为,因购买货物而从销售方取得的各种形式的返还资金,均应依所购货物的增值税税率计算应冲减的进项税额,并从其取得返还资金当期的进项税额中予以冲减。应冲减的进项税额计算公式如下:当期应冲减进项税额 = 当期取得的返还资金 × 所购货物适用的增值税税率。

问题 208:发往异地委托代销商品在什么时间确认计提增值税销项税金?

答:《中华人民共和国增值税暂行条例实施细则》第三十八条第五项规定:委托其他纳税人代销货物,为收到代销单位的代销清单或者收到全部或者部分货款的当天。未收到代销清单及货款的,为发出代销货物满 180 天的当天。

问题 209:某从事饮料批发的商业企业,由于购进的运输途中有些罐装饮料出现跑气、漏气而发生了损失。请问:对这部分发生损失的商品该如何处理?

答:对商品损失的处理,有两种处理方法:一是如果发生的损失在行业规定的正常损失范围内,按正常损失对待,所发生的损失计入成本,不作进项税额转出。二是如果发生的损失超过行业规定的标准,按非正常损失对待,税法对非正常损失的具体规定为:根据《中华人民共和国增值税暂行条例》的第十条的规定:非正常损失的购进货物不得从销项税额中扣除。《中华人民共和国增值税暂行条例实施细则》第二十四条规定:条例第十条第(二)项所称非正常损失,是指因管理不善造成被盗、丢失、霉烂变质的损失。因为这些非正常损失与纳税人生产经营没有直接关系,这部分损失中的进项税额不应抵扣。已抵扣进项税额的购进货物或应税劳务发生上述情况的,应将该项购进货物或应税劳务的进项税额从当期发生的进项中扣减。无法准确确定该项进项税额的,按当期实际成本计算应扣减的进项税额。该商业企业发生的上述损失应属于非正常损失。

第 *10* 章　服务业税收

问题 210：服务业具体指哪些行业？经营这些行业应缴纳哪些税费？

答：服务业是指利用设备、工具、场所、信息或技能为社会提供服务的业务。从税法上看，服务业的征收范围包括：代理业、旅店业、饮食业、旅游业、仓储业、租赁业、广告业、其他服务业。

具体来说，代理业是指代委托人办理受托事项的业务，包括代购代销货物、代办进出口、介绍服务、其他代理服务。

旅店业是指提供住宿服务的业务。

饮食业指通过同时提供饮食和饮食场所的方式为顾客提供饮食消费服务的业务。

旅游业指为旅游者安排食宿、交通工具和提供导游等旅游服务的业务。

仓储业指利用仓库、货物或其他场所代客贮放、保管货物的业务。

租赁业指在约定的时间内将场地、房屋、物品、设备或设施等让他人使用的业务。

广告业指利用图书、报纸、杂志、广播、电视、电影、幻灯、路牌、招贴、橱窗、霓虹灯、灯箱等形式为介绍商品、经营服务项目、文体节目或通告、声明等事项进行宣传和提供相关服务的业务。

其他服务业指上述以外的服务业务,如沐浴、理发、洗染、照相、美术、裱画、打字、镌刻、计算、测试、试验、化验、录音、录像、复印、晒图、设计、制图、测绘、勘探、打包、咨询等。

从事服务业经营行为的,应缴纳营业税及其附加税费(城市维护建设税、教育费附加、地方教育附加)、水利建设专项资金、企业所得税或个人所得税,广告业还要缴纳文化事业建设费、印花税。服务业的营业税税率为5%。

问题211：张三买了一辆货车,专门为客户运输物品,并收取一定运费。请问张三是否要缴税？如果要缴税,是否按服务业缴？

答：要缴税,但应按照交通运输业缴纳相关税费。因为张三实际上为从事运输服务的个体工商业户,收取的运费为经营性收入,应该按规定缴纳相关税费,但运输服务在税法上不属于服务业,属于交通运输业,所以应按交通运输业缴纳相关税费。

问题212：张三和李四为从事保险推销的业务员,张三与保险公司签订了劳务合同,李四没有与保险公司签订劳务合同。保险公司应如何代扣税费？

答：张三与保险公司签订了劳务合同,为保险公司的雇员,李四没有签订劳务合同,不是保险公司的雇员。根据《中华人民共和国营业税暂行条例实施细则》第四条第一款规定："条例第一条所称提供应税劳务、转让无形资产或销售不动产,是指有偿提供应税劳务、有偿转让无形资产或者有偿转让不动产所有权的行为(以下简称应税行为)。但单位或个体经营者聘用的员工为本单位或雇主提供应税劳务,不包括在内。"张三为公司雇员,其从事保险推销业务不用征收营业税,保险公司仅负责将张三的佣金、奖励、劳务费等收入计入当期工资、薪金所得,并按照《中华人民共和国个人所得税法》规定代扣代缴个人所得税。而李四为非该保险公司雇员,根据《中华人民共和国个人所得税法》和《中华人民共和国营业税暂行条例》及其实施细则规定,李四因保险推销而获取的佣金、奖励、劳务费等收入,均应计入个人从事服务业应税劳务的营业额,并应缴纳营业税、个人所得税等税费。

问题 213：因公司人手不足,经公司董事会商量,将公司的部分资产承包或出租给别人经营,请问公司收取的承包费或租赁费是否要缴纳营业税?

答： 根据财政部、国家税务总局《关于营业税若干政策问题的通知》(财税〔2003〕16 号)规定,双方签订承包、租赁合同,将企业或企业部分资产出包、租赁,出包、租赁者向承包、承租方收取的承包费、租赁费按"服务业"税目征收营业税。出包方收取的承包费凡同时符合以下三个条件的,属于企业内部分配行为不征收营业税:一是承包方以出包方名义对外经营,由出包方承担相关的法律责任;二是承包方的经营收支全部纳入出包方的财务会计核算;三是出包方与承包方的利益分配以出包方的利润为基础。

问题 214：某公司承包了一项建筑工程业务，因工程量大而将该项业务又转包给了其他公司。那该公司是否要缴税？如果要缴税，是否按服务业缴税？

答：国家税务总局《营业税问题解答（之一）》（国税函〔1995〕156号）明确指出：根据营业税暂行条例第五条第一款第三项"建筑业的总承包人将工程分包或转包给他人的，以工程的全部承包额减去付给分包人或者转包人的价款后的余额为营业额"的规定，工程承包公司承包建筑安装工程业务，即工程承包公司与建设单位签订承包合同的建筑安装工程业务，无论其是否参与施工，均应按"建筑业"税目征收营业税。工程承包公司不与建设单位签订承包建筑安装工程合同，只是负责工程的组织协调业务，对工程承包公司的此项业务则按"服务业"税目征收营业税。

根据以上规定，该公司是按建筑业（营业税税率为3％）还是按服务业缴纳相关税费，还要看是否与建设单位签订建筑安装工程承包合同，是否仅负责组织协调业务。

问题 215：我和村里的老乡成立了工程队，主要给他人提供建房服务，请问我们是否要按服务业缴税？

答：建房属于建筑安装业，你们应该按照建筑安装业缴纳相关税费。

同样，如果提供绿化工程、房屋翻修、装修等服务的也应按建筑安装业缴纳相关税费。

问题 216：张三开了一家小炒餐饮店，李四开了一家烧卤熟制食品销售店，他们同为卖食品，可张三缴营业税，李四缴增值税。他们缴的税为什么不一样？

答：张三经营小炒餐饮店，属于服务业中的饮食业，根据《中华人民共和国营业税暂行条例》及其实施细则规定，不论顾客是否在现场消费，也不论是否有经营烧卤熟制食品的行为，均应按服务业税目缴纳营业税及相关税费。

李四为专门经营烧卤熟制食品的生产销售店，根据国家税务总局《关于烧卤熟制食品征收流转税问题的批复》（国税函〔1996〕261 号）规定，对专门生产或销售食品的工厂、商场等单位销售烧卤熟制食品，应当征收增值税。国家税务总局《关于饮食业征收流转税问题的通知》（国税发〔1996〕202 号）规定，专门生产或销售货物（包括烧卤熟制食品在内）的个体经营者及其他个人应当征收增值税。

所以，张三和李四缴的税是不一样的。

问题 217：村里办了一家企业，张三以土地、房屋入股，李四以取得的专利权入股，两人获得的报酬是收取一定的固定利润，请问张三和李四就收取的固定利润应如何纳税？

答：根据国家税务总局《关于以不动产或无形资产投资入股收取固定利润征收营业税问题的批复》（国税函〔1997〕490 号）规定，以不动产或无形资产投资入股，与投资方不共同承担风险，收取固定利润的行为，应区别以下两种情况征收营业税：以不动产、土地使用权投资入股，收取固定利润的，属于将场地、房屋等转让他人使用的业务，应按

"服务业"税目中"租赁业"项目征收；以商标权、专利权、非专利技术、著作权、商誉等投资入股，收取固定利润的，属于转让无形资产使用权的行为，应按"转让无形资产"税目征收营业税。

所以，张三应按"服务业"税目中的"租赁业"项目缴纳营业税等税费，李四应按"转让无形资产"税目缴纳营业税（税率为 5%）等税费。

问题 218：请问服务业的营业税应纳税额怎么计算？如果某人经申请批准，在家里经营公用电话业务，是否应按全部经营收入缴税？

答：《中华人民共和国营业税暂行条例》第四条规定，纳税人提供应税劳务、转让无形资产或者销售不动产，按照营业额和规定的税率计算应纳税额。应纳税额计算公式：应纳税额＝营业额×税率。营业额以人民币计算，纳税人以人民币以外的货币结算营业额的，应当折合成人民币计算。

第五条规定，纳税人的营业额为纳税人提供应税劳务、转让无形资产或者销售不动产收取的全部价款和价外费用。但是，下列情形除外：（一）纳税人将承揽的运输业务分给其他单位或者个人的，以其取得的全部价款和价外费用扣除其支付给其他单位或者个人的运输费用后的余额为营业额；（二）纳税人从事旅游业务的，以其取得的全部价款和价外费用扣除替旅游者支付给其他单位或者个人的住宿费、餐费、交通费、旅游景点门票和支付给其他接团旅游企业的旅游费后的余额为营业额；（三）纳税人将建筑工程分包给其他单位的,以其取得的全部价款和价外费用扣除其支付给其他单位的分包款后的余额为营业额;(四)外汇、有价证券、期货等金融商品买卖业务,以卖出价减去买入价后的余额为营业额;(五)国务院财政、税务主管部门规定的其他情形。

第六条规定,纳税人按照本条例第五条规定扣除有关项目,取得的凭证不符合法律、行政法规或者国务院税务主管部门有关规定的,该项目金额不得扣除。

经营公用电话业务,应按"服务业"税目中的"代理服务"缴纳营业税等税费,应税营业额为收入全额减去支付给通讯部门的管理费和电话费后的余额。如果采用话费收入全额上交通讯部门,再以一定比例提取手续费的,则应税营业额为实际取得的手续费。

问题 219:去年,经有关部门批准,张三在村里开了一家诊所,主要给村民看一些小毛病。请问:张三开的诊所是否要缴税?

答:《中华人民共和国营业税暂行条例》第八条规定,下列项目免征营业税:(一)托儿所、幼儿园、养老院、残疾人福利机构提供的育养服务,婚姻介绍,殡葬服务;(二)残疾人员个人提供的劳务;(三)医院、诊所和其他医疗机构提供的医疗服务;(四)学校和其他教育机构提供的教育劳务,学生勤工俭学提供的劳务;(五)农业机耕、排灌、病虫害防治、植物保护、农牧保险以及相关技术培训业务,家禽、牲畜、水生动物的配种和疾病防治;(六)纪念馆、博物馆、文化馆、文物保护单位管理机构、美术馆、展览馆、书画院、图书馆举办文化活动的门票收入,宗教场所举办文化、宗教活动的门票收入;(七)境内保险机构为出口货物提供的保险产品。

根据以上规定,张三开的诊所为营业税免征的范围,不需要缴纳营业税及附加税费,但是水利建设专项资金、个人所得税要按规定缴纳。

问题 220:如果张三为别人提供了劳务服务,并收取了报酬,请问:张三的纳税义务应从什么时候开始? 应该在什么地方纳税?

答:《中华人民共和国营业税暂行条例》第十二条规定:营业税纳税义务发生时间为纳税人提供应税劳务、转让无形资产或者销售不动产并收讫营业收入款项或者取得索取营业收入款项凭据的当天。国务院财政、税务主管部门另有规定的,从其规定。

第十四条规定,营业税纳税地点:(一)纳税人提供应税劳务应当向其机构所在地或者居住地的主管税务机关申报纳税。但是,纳税人提供的建筑业劳务以及国务院财政、税务主管部门规定的其他应税劳务,应当向应税劳务发生地的主管税务机关申报纳税。(二)纳税人转让无形资产应当向其机构所在地或者居住地的主管税务机关申报纳税。但是,纳税人转让、出租土地使用权,应当向土地所在地的主管税务机关申报纳税。(三)纳税人销售、出租不动产应当向不动产所在地的主管税务机关申报纳税。

根据以上规定,张三在收讫营业收入款项或者取得索取营业收入款项凭据的当天就产生了纳税义务,具体的纳税地点要根据他所提供的劳务类别来确定。

问题221：张三给李四提供了搬家服务，张三到税务机关代开发票时，税务机关开的却是交通运输发票，请问搬家到底是属于服务业还是交通运输业？

答：搬家业务是搬家公司或个人利用运输工具或人力实现了物品空间位置转移的业务，它具有装卸搬运的特征。因此，在税法上，对搬家业务收入，应按"交通运输业"税目中的"装卸搬运"进行征税，开具的发票也就是交通运输发票。

问题222：我在家里开了劳动服务公司，专门为别人介绍工作，请问我公司是否要缴税？

答：要缴税。劳动服务公司为介绍就业等取得的收入属于营业收入，应该按照"服务业"缴纳营业税等相关税费。如果你是下岗职工、待业大学毕业生，可以按国家有关规定，享受所得税等免税政策。

问题223：国家促进各类服务业发展的税收优惠政策有哪些？

答：主要有以下优惠政策：（一）符合条件的小型微利服务业企业适用20%的优惠税率。（二）对符合非营利条件的服务性组织，免征企业所得税。（三）认真做好符合条件的服务业企业就业与再就业政策的落实。按照财税〔2008〕1号文件规定，对商贸企业、服务型企业（除广告业、房屋中介、典当、桑拿、按摩、氧吧外）、劳动就业服务企业中的加工型企业和街道社区具有加工性质的小型企业实体，在新增加的岗位中,当年新招用持《再就业优惠证》人员,与其签订1年以上期限劳动合同并依法缴纳社会保险费的,按实际招用人数予以定额依次扣减营业税、城市维护建设税、教育费附加和企业所得税优惠。定额标准为每人每年4800元;对国有大中型企业通过主辅分离和辅业改制分流安置本企业富余人员兴办的经济实体(从事金融保险业、邮电通讯业、娱乐业以及销售不动产、转让土地使用权,服务型企业中的广告业、桑拿、按摩、氧吧,建筑业中从事工程总承包的除外),凡符合条件的,经有关部门认定,税务机关审核,3年内免征企业所得税。(四)积极落实安置特殊就业人员的税收优惠政策。企业安置残疾人员及国家鼓励安置的其他就业人员所支付的工资,可以在计算应纳税所得额时,按200%在税前扣除。对安置残疾人的单位,实行由税务机关按单位实际安置残疾人的人数,限额即征即退增值税。实际安置的每位残疾人每年可退还的增值税的具体限额,由县级以上税务机关根据单位所在区县(含县级市)适用的经省人民政府批准的最低工资标准的6倍确定,但最高不得超过每人每年3.5万元。对残疾人个人提供的加工、修理修配劳务免征增值税。(五)认真做好符合条件的服务业企业研究开发费用加计扣除政策的落实。(六)积极落实服务业企业技术转让所得优惠政策。对符合条件的企业技术转让所得不超过500万元的部分,可以免征企业所得税;超过500万元的部分,允许减半征收企业所得税。(七)符合条件的服务业企业固定资产允许加速折旧。(八)对符合核定征收企业所得税条件的小型服务业企业,可实行核定征收企业所得税的办法。

问题 224：某公司是一家民政福利企业，请问符合减免优惠条件的民政福利企业可享受哪些营业税减免优惠？

答：符合减免优惠的民政福利企业，其经营属于营业税"服务业"税目范围内（广告业除外）的业务，免征营业税。

问题 225：请问在促进信息服务企业的发展方面，有没有相关的税收优惠政策？

答：在促进信息服务企业发展方面，主要的税收优惠政策有：（一）境内新办软件生产企业经认定后，自获利年度起，允许第一年和第二年免征企业所得税，第三至第五年减半征收企业所得税。如果属于国家规划布局内的重点软件生产企业，当年未享受免税优惠的，允许减按 10% 的税率征收企业所得税。软件生产企业的职工培训费用，可按实际发生额在计算应纳税所得额时扣除。（二）2010 年底以前，对增值税一般纳税人销售其自行开发生产的软件产品，按 17% 的法定税率征收增值税后，对其增值税实际税负超过 3% 的部分实行即征即退政策。所退税款由企业用于研究开发软件产品和扩大再生产，不作为企业所得税应税收入，不予征收企业所得税。（三）集成电路设计企业可视同软件企业，享受软件企业的有关企业所得税优惠政策。（四）增值税一般纳税人将进口的软件进行转换等本地化改造后对外销售，其销售的软件可按照自行开发生产的软件产品的有关规定享受即征即退的税收优惠政策。

问题 226：请问国家对科技企业和科技服务企业有哪些税收优惠？

答：国家对科技企业和科技服务企业的税收优惠主要有以下几方面：（一）对国家需要重点扶持的高新技术企业，经省级高新技术认定机构认定后，可减按 15％的税率征收企业所得税；（二）创业投资企业采取股权投资方式投资于未上市中小高新技术企业 2 年以上（含 2 年）的，如符合规定条件，可以按照其投资额的 70％抵扣该创业投资企业的应纳税所得额；符合抵扣条件并在当年不足抵扣的，可以在以后纳税年度逐年延续抵扣。

第 *11* 章 土地财产税收

问题 227：个人购买住房的时间是怎样规定的？

答：个人按国家房改政策购买公有住房的时间，以购房合同的生效日期、缴款收据的开具日期或房屋产权证注明日期，按照"孰先"（就是"哪个在先，就按哪一个日期办理"）的原则确定；个人购买其他住房的时间，以其取得的房屋产权证注明日期或契税完税凭证注明日期，按照"孰先"的原则确定。

问题 228：个人转让住房营业税的减免是如何规定的？

答：1. 个人自建自用住房销售时免征营业税；

2. 2006 年 6 月 1 日起，个人将购买不足 5 年的住房对外销售的，应全额征收营业税；个人转让其购买超过 5 年（含 5 年）且符合普通住房标准的住房，免征营业税；个人转让其购买的非普通住房超过 5 年（含 5 年）的，按其售房收入减去该房屋购置原价后的余额缴纳营业税。

问题 229：个人转让住房取得的所得，怎样计算缴纳个人所得税？

答：1. 如果能够提供完整、准确的住房原值凭证，能够正确计算应纳税所得额的,应按照"财产转让所得"项目征收个人所得税,适用比例税率,税率为 20%。其应纳税额按下列公式计算:

应纳税额＝应纳税所得额×20%

应纳税所得额＝转让住房的收入额－住房原值和合理费用

合理费用是指出售住房时,按照规定缴纳或支付的营业税、城建税、教育费附加、地方教育附加、契税、印花税、交易手续费、公证费等有关税金和费用。

2. 如果不能提供住房出售收入凭证,应采取核定征收的方式征收个人所得税,其计算公式为:

应纳税额＝转让住房的收入额×核定征收率(浙江省的核定征收率为 1%)

转让住房的收入额以缴纳营业税的计税价格为准。

问题 230：计算个人转让住房应缴纳的个人所得税时,购房贷款利息可否扣除？ 如何扣除？

答：可以按规定扣除。《国家税务总局关于个人住房转让所得征收个人所得税有关问题的通知》(国税发〔2006〕108 号)的规定:"对转让住房收入计算个人所得税应纳税所得额时,纳税人可凭原购房合同、发票等有效凭证,经税务机关审核后,允许从其转让收入中减除房屋原值、转让住房过程中缴纳的税金及有关合理费用。""合理费用是指: 纳税人按照规定实际支付的住房装修费用、住房贷款利息、手续费、公证费等费用。""支付的住房贷款利息。纳税人出售以按揭贷款方式购置的住房的,其向贷款银行实际支付的住房贷款利息,凭贷款银行出具的有效证明据实扣除。"所以,在取得贷款银行出具的有效证明的条件下,可据实扣除。

问题 231:个人将受赠不动产对外销售时,购房时间、价格如何确定?

答:个人将通过无偿受赠方式取得的住房对外销售在征收营业税时,对通过继承、遗嘱、离婚、赡养关系、直系亲属赠与方式取得的住房,该住房的购房时间按照发生受赠、继承、离婚财产分割行为前的购房时间确定,其购房价格按发生受赠、继承、离婚财产分割行为前的购房原价确定。

对通过其他无偿受赠方式取得的住房,该住房的购房时间按照发生受赠行为后新的房屋产权证或契税完税证明上注明的时间确定。

问题 232:个人将受赠不动产对外销售时,如何征收个人所得税?

答:受赠人取得赠与人无偿赠与的不动产后,再次转让该项不动产的,在缴纳个人所得税时,以财产转让收入减除受赠、转让住房过程中缴纳的税金及有关合理费用后的余额为应纳税所得额,按 20% 的适用税率计算缴纳个人所得税。

在计征个人受赠不动产个人所得税时,不得核定征收,必须严格按照税法规定据实征收。

问题 233:个人出售非居住用房如何纳税?

答:个人出售办公用房、商业用房、生产用房等非自己居住用房(以下简称非居住用房),以全部收入减去购置或受让原价后的余额按 5％税率缴纳营业税；以全部收入减除购置或受让原价和合理费用（指卖房时按照规定支付的有关费用）后的余额按 20％税率缴纳个人所得税；并按规定缴纳印花税、土地增值税和各种附加税。个人出售非居住用房的应纳税款，应向房产所在地的主管税务机关申报缴纳。

问题 234：营业用房转让如何缴纳营业税，是受 5 年时间限制，还是无论多长时间转让都按差额征收营业税？

答：对营业用房，无论购买多长时间转让，都按差额征收营业税。只有住房才受 5 年时间限制，超过 5 年的出售住房，免征营业税。

问题 235：个人出租房屋需要缴纳哪些税？应该注意哪些税收政策规定？

答：个人出租房屋根据不同情况应分别缴纳营业税、城市维护建设税、房产税、个人所得税、印花税。

个人按市场价格出租的居民住房用于居住，应缴纳的营业税暂按 3％的税率征收。应纳税额＝租金收入×3％。个人出租房屋的营业税起征点为月收入 1000～5000 元。按次（日）纳税的起征点为每次（日）租金收入 100 元。在营业税起征点以下，个人出租房屋不缴纳营业税。

个人出租房屋城市维护建设税随营业税征收，计税金额为营业税的实际缴纳税额。出租房屋用于居住的，房产税暂按 4％的税率缴纳：应纳税额＝租金收入×4％。租赁双方还需要按租赁金额的千分之一缴纳印花税，税额不足 1 元的，按 1 元缴纳。

个人出租房屋以 1 个月取得的收入为 1 次，按照财产租赁所得缴纳个人所得税。计税依据为收入减去费用扣除额后的余额,税率为 10%。费用扣除内容包括:纳税人在出租财产过程中缴纳的税金和教育费附加;租金收入每次不超过 4000 元的,减除费用 800 元;4000 元以上的,减除20%的费用;能够提供有效、准确凭证,证明由纳税人负担的该出租财产实际开支的修缮费用,可以从租赁收入中扣除。允许扣除的修缮费用以每次 800 元为限,一次扣除不完的,准予在下一次继续扣除,直到扣完为止。

个人出租房屋个人所得税应纳税所得额=当月取得的租金收入-缴纳的各项税金、教育费附加-每月最高 800 元的修缮费用-扣除费用。

应纳税额=应纳税所得额×10%。

个人出租房屋用于生产经营的情况下,其缴纳的营业税按 5%的税率征收,房产税按 12%的税率征收。其他各税种的计算方法与个人出租房屋用于居住情况相同。

问题 236:个人拥有房屋、土地需要缴纳哪些税?应该注意哪些税收政策规定?

答:个人拥有房屋、土地涉及房产税、城镇土地使用税等税种。

个人营业用的房产以房产原价值一次减除 10%~30%以后的余额作为计税依据,按 1.2%的税率缴纳房产税。个人所有非营业用用于自己住宿的房产免征房产税。

房产税应纳税额=房产原价值一次减除 10%~30%以后的余额×1.2%。

个人所有的居住用房及院落用地,由各省级地方税务局根据当地情况决定是否征收城镇土地使用税,营业用房屋占地按规定级差税额标准征收。《中华人民共和国城镇土地使用税暂行条例》规定,土地使用税每平方米年税额如下:(一)大城市 1.5 元至 30 元;(二)中等城市 1.2 元至 24 元;(三)小城市 0.9 元至 18 元;(四)县城、建制镇、工矿区 0.6 元至 12 元。具体税额标准由各省、自治区、直辖市人民政府根据本地的情况,分土地等级在国家规定的税额幅度内确定。

城镇土地使用税应纳税额＝纳税人实际占用的土地面积×适用税额标准。

问题 237:个人转让房屋需要缴纳哪些税? 应该注意哪些税收政策规定?

答:个人转让房屋涉及营业税、个人所得税、契税、城市维护建设税、印花税、土地增值税等 6 个税种,其中契税由买房者缴纳,印花税由买卖双方缴纳。

1. 营业税部分。现行的税收政策是:从 2006 年 6 月 1 日起,个人将购买不足 5 年的住房对外销售的,按售房收入全额缴纳营业税;个人将购买超过 5 年(含 5 年)的普通住房对外销售的,免征营业税;个人将购买超过 5 年(含 5 年)的非普通住房对外销售的,按其售房收入减去购买房屋的价款后的差额缴纳营业税,税率为 5%。

个人将购买超过 5 年(含 5 年)的符合当地公布的普通住房标准的住房对外销售,应持该住房的坐落、容积率、房屋面积、成交价格等证明材料及地方税务部门要求的其他材料,向地方税务部门申请办理免征营业税手续。

个人转让购买5年以内的房屋,应纳税额＝售房收入×税率;转让购买5年以上的普通房屋,免征营业税;转让购买5年以上的非普通房屋,应纳税额＝(售房收入－购房价格)×税率。

2. 个人所得税部分。个人转让住房,以其转让收入额减除财产原值和合理费用后的余额为应纳税所得额,缴纳个人所得税,税率为20％。

住房转让所得,以实际成交价格为转让收入。纳税人申报的住房成交价格明显低于市场价格且无正当理由的,征收机关依法有权根据有关信息核定其转让收入。

对转让住房收入计算个人所得税应纳税所得额时,纳税人可凭原购房合同、发票等有效凭证,经税务机关审核后,允许从其转让收入中减除房屋原值、转让住房过程中缴纳的税金及有关合理费用。

商品房房屋原值是指,购置该房屋时实际支付的房价款及缴纳的相关税费;自建住房房屋原值是指,实际发生的建造费用及建造和取得产权时实际缴纳的相关税费;经济适用房(含集资合作建房、安居工程住房)房屋原值是指,原购房人实际支付的房价款及相关税费,以及按规定缴纳的土地出让金;已购公有住房房屋原值是指,原购公有住房标准面积按当地经济适用房价格计算的房价款,加上原购公有住房超标准面积实际支付的房价款以及按规定向财政部门(或原产权单位)缴纳的所得收益及相关税费;城镇拆迁安置住房房屋原值有以下四种情况:(1) 房屋拆迁取得货币补偿后购置房屋的,为购置该房屋实际支付的房价款及缴纳的相关税费;(2) 房屋拆迁采取产权调换方式的,所调换房屋原值为《房屋拆迁补偿安置协议》注明的价款及缴纳的相关税费;(3)房屋拆迁采取产权调换方式,被拆迁人除取得所调换房屋,又取得部分货币补偿的,所调换房屋原值为《房屋拆迁补偿安置协议》注明的价款和缴纳的相关税费,减去货币补偿后的余额;(4)房屋拆迁采取产权调换方式,被拆迁人取得所调换房屋,又支付部分货币的,所调换房屋原值为《房屋拆迁补偿安置协议》注明的价款,加上所支付的货币及缴纳的相关税费。

转让住房过程中缴纳的税金是指,纳税人在转让住房时实际缴纳的营业税、城市维护建设税、教育费附加、土地增值税、印花税等税金。

合理费用是指,纳税人按照规定实际支付的住房装修费用、住房贷款利息、手续费、公证费等费用。

纳税人能提供实际支付装修费用的税务统一发票,并且发票上所列付款人姓名与转让房屋产权人一致的,经税务机关审核,其转让的住房在转让前实际发生的装修费用,可在以下规定比例内扣除:(1)已购公有住房、经济适用房:最高扣除限额为房屋原值的15%;(2)商品房及其他住房:最高扣除限额为房屋原值的10%。

纳税人出售以按揭贷款方式购置的住房的,其向贷款银行实际支付的住房贷款利息,凭贷款银行出具的有效证明据实扣除。

纳税人按照有关规定实际支付的手续费、公证费等,凭有关部门出具的有效证明据实扣除。

例如,某人转让自用5年以内住房,应纳税所得额＝住房转让收入－原值－规定比例内可扣除的装修费用－支付银行的住房贷款利息－缴纳的销售税金－合理费用;应纳税额＝应纳税所得额×20%。

纳税人未提供完整、准确的房屋原值凭证,不能正确计算房屋原值和应纳税额的,税务机关可以对其实行核定征税,具体比例由省级地方税务局或者省级地方税务局授权的地市级地方税务局根据纳税人出售住房的所处区域、地理位置、建造时间、房屋类型、住房平均价格水平等因素,在住房转让收入1%～3%的幅度内确定。

纳税人出售自有住房并拟在现住房出售1年内按市场价重新购房,出售现住房所缴纳的个人所得税,先以纳税保证金形式缴纳,根据重新购房的金额与原住房销售额的关系,全部或部分退还纳税保证金。

个人转让自用5年以上,并且是家庭唯一生活用房取得的所得,免征个人所得税。

3. 土地增值税部分。在中国境内出售或以其他方式有偿转让国有土地使用权、地上建筑物及附着物(以下简称转让房地产)的个人以转让房地产的增值额作为计税依据,缴纳土地增值税。土地增值税实行四级超率累进税率:增值额未超过扣除项目金额50%的部分,税率为30%;增值额超过扣除项目金额50%、未超过扣除项目金额100%的部分,税率为40%;增值额超过扣除项目金额100%、未超过扣除项目金额200%的部分,税率为50%;增值额超过扣除项目金额200%的部分,税率为60%。应纳税额＝$\sum$(增值额度×适用税率)。

居民个人转让普通住房以及个人互换自有居住用房地产免征土地增值税。个人在原住房居住满5年转让住房,

免征土地增值税；居住满 3 年，不满 5 年的，减半征收土地
增值税。

4. 契税部分。个人购买商品住房以购房价格为计税
依据缴纳契税，税率为 3‰～5‰。契税应纳税额＝计税依
据×税率。

对于拆迁房，房屋被县级以上人民政府征用、占用后，
重新承受土地、房屋权属的，是否减征或免征契税，由省、自
治区、直辖市人民政府确定。对拆迁居民因拆迁重新购置
住房的，对购房成交价格中相当于拆迁补偿款的部分免征
契税。对于购买经济适用住房，目前无特别优惠规定。对
于个人购买自用普通住宅，暂减半征收契税。

例如：某人以 100 万元价格购得一处面积为 90 平方米
的普通住宅，住宅所在地的契税税率为 3‰，其契税应纳税
额＝100 万元×3‰＝3 万元。由于该居民购买的是普通住
宅，符合个人购买普通住宅减半缴纳契税的规定，因此其实
际应缴纳的契税为 3 万元×0.5＝1.5 万元。

5. 印花税部分。个人购买商品房，买卖双方应纳印花
税＝购房金额×适用税率。

6. 城市维护建设税部分。城市维护建设税随营业税
征收，计税金额为营业税的实际缴纳税额。外籍个人暂不
征收城市维护建设税、教育费附加。

**问题 238：企业拥有房屋、土地需要缴纳哪些税？
应该注意哪些税收政策规定？**

答：在城市、县城、建制镇、工矿区范围内的企业自用
房屋以房产原价值一次减除 10‰～30‰以后的余额作为计

税依据,按 1.2% 的税率缴纳房产税。在城市、县城、建制镇、工矿区范围内使用土地的纳税人按级差税额缴纳城镇土地使用税。

自用房屋房产税应纳税额=(房产原价值一次减除10%～30%以后的余额)×1.2%。城镇土地使用税应纳税额=纳税人实际占用的土地面积×适用税额标准。

问题 239:个人将不动产无偿赠与他人,是否征收营业税?

答:要征。根据《中华人民共和国营业税暂行条例实施细则》规定,从 2009 年 1 月 1 日起,单位或者个人将不动产或者土地使用权无偿赠送其他单位或者个人,视同发生应税行为,应缴纳营业税。

问题 240:农民出包、出租土地是否征营业税?

答:农民将土地承包、租赁给他人经营取得的收入应按"服务业—租赁业"征收营业税。但对将土地承包、租赁给他人从事农业生产的免征营业税。

问题 241:单位把一幢房产无偿赠送给股东或职工,请问营业税和土地增值税如何缴纳?

答:根据《中华人民共和国营业税暂行条例实施细则》规定,单位将不动产无偿赠与他人,视同销售不动产,应按销售不动产 5% 的税率缴纳营业税;又根据《财政部、国家税务总局关于土地增值税一些具体问题的通告》(财税字〔1995〕048 号)规定,对"赠与"所包括的范围解释:一是直系亲属或承担直接赡养义务人;二是房产所有人、土地使用权所有人通过中国境内非营利的社会团体、国家机关将房产权、土地使用权赠与教育、民政和其他社会福利、公益事业的。所以该单位赠送的房产应按规定缴纳土地增值税。

问题 242：对合作建房行为应如何征收营业税？

答：合作建房，是指甲方提供土地使用权，乙方提供资金合作建房，其方式一般有两种：第一种方式是纯粹的"以物易物"，即双方以各自拥有的土地使用权和房屋所有权相互交换。具体交换方式也有以下两种：一是土地使用权和房屋所有权相互交换，双方都取得了拥有部分房屋的所有权。在这一合作过程中，甲方以转让部分土地使用权为代价换取部分房屋的所有权，发生了转让土地使用权的行为，乙方则以转让部分房屋的所有权为代价，换取部分土地的使用权，发生了销售不动产的行为，因而合作建房的双方都发生了营业税的纳税行为。对甲方应按"转让无形资产"税目中的"转让土地使用权"子目征税，对乙方应按"销售不动产"税目征税。由于双方没有进行货币结算，因此，应当按照《中华人民共和国营业税暂行条例实施细则》第二十条的规定，分别核定双方各自的营业税。如果合作建房的双方（或任何一方）将分得的房屋销售出去，则发生了销售不动产行为，应对其销售收入，再按"销售不动产"税目征收营业税。二是以出租土地使用权为代价换取房屋所有权，例如，甲方将土地使用权出租给乙方若干年，乙方在该土地上建造建筑物并使用，租赁期满后，乙方将土地使用权连同所建成的建筑物归还甲方，在这一经营过程中，乙方是以建筑物为代价换得若干年的土地使用权，甲方是以出租土地使用权为代价换取建筑物。甲方发生了出租土地使用权的行为,对其按"服务业—租赁业"征收营业税,乙方发生了销售不动产的行为,对其按"销售不动产"税目征收营业税。

第二种方式是甲方以土地使用权,乙方以货币资金合股,成立合营企业,合作建房,对此种形式的合作建房,则要视具体情况确定如何征税:

1. 房屋建成后,如果双方采取风险共担、利润共享的分配方式,只对合营企业销售房屋取得的收入按"销售不动产"征税,双方分得的利润不征营业税。

2. 房屋建成后,甲方如果采取按销售收入的一定比例提成的方式参与分配,或提取固定利润,属于甲方将土地使用权转让给合营企业的行为,对甲方取得的固定利润或从销售收入按比例提取的收入按"销售不动产"税目征收营业税。

3. 如果房屋建成后,双方按一定比例分配房屋,此种经营行为,合营企业分配双方的房屋不征营业税,但对甲方向合营企业转让的土地,按"转让无形资产"征税。对合营企业的房屋在分配给甲、乙后,如果各自销售,则按"销售不动产"征税。

问题 243:什么是耕地占用税?哪些情况需要缴纳耕地占用税?

答:耕地占用税是以占用耕地的行为为征税对象,向占用耕地建房和从事非农业建设的单位和个人征收的一种税。

占用耕地、园地和林地、牧草地、农田水利用地、盐田、养殖水面以及渔业水域滩涂等其他农用地建房或从事非农建设的,都属于耕地占用税征收范围。

问题244：哪些人是耕地占用税的纳税义务人?

答：占用耕地、园地和林地、牧草地、农田水利用地、盐田、养殖水面以及渔业水域滩涂等其他农用地建房或者从事其他非农业建设的单位和个人,都是耕地占用税的纳税义务人。

耕地占用税纳税人主要依据农用地转用审批文件进行认定。经申请批准占用耕地的,纳税人为农用地转用审批文件中标明的建设用地人;农用地转用审批文件中未标明建设用地人的,纳税人为用地申请人。未经批准占用耕地的,纳税人为实际用地人。

问题245：耕地占用税的税额怎么计算?

答：耕地占用税以纳税人实际占用的耕地面积为计税依据,按照规定的适用税额一次性征收。

耕地占用税计税面积核定的主要依据是农用地转用审批文件,必要时应实地勘测。纳税人实际占地面积(含受托代占地面积)大于批准占地面积的,按实际占地面积计税;实际占地面积小于批准占地面积的,按批准占地面积计税。

耕地占用税的税额根据人均耕地占用情况,按每平方米5~50元不等缴纳。各省根据当地情况制订实施办法,如《浙江省耕地占用税实施办法》规定税额标准如下：

(一)杭州、宁波、温州、湖州、嘉兴、绍兴、舟山、台州等市本级(含所辖各区)和义乌市,每平方米为50元。

(二)金华、衢州、丽水等市本级(含所辖各区)和富阳、临安、余姚、慈溪、乐清、瑞安、嘉善、平湖、海宁、桐乡、绍兴、诸暨、上虞、东阳、温岭、玉环等县(市),每平方米为 45 元。

(三) 桐庐、淳安、建德、奉化、宁海、象山、永嘉、洞头、平阳、苍南、德清、长兴、安吉、海盐、嵊州、新昌、兰溪、永康、浦江、武义、龙游、江山、常山、岱山、嵊泗、临海、天台、仙居、三门、龙泉、青田、缙云、遂昌等县(市),每平方米为 35 元。

(四) 文成、泰顺、磐安、开化、云和、庆元、松阳、景宁等县,每平方米为 25 元。

涉及占用基本农田的,其适用税额在上述规定的税额标准基础上再提高 50%。基本农田,是指依据《基本农田保护条例》划定的基本农田保护区范围内的耕地。

问题 246:耕地占用税什么时候缴纳?

答:纳税人获准占用耕地,应当在收到土地管理部门的通知之日起 30 日内,到耕地所在地征收机关申报纳税。

问题 247:农村居民建房在耕地占用税上有没有什么优惠政策? 其他还有什么耕地占用税优惠政策?

答:1. 根据《浙江省耕地占用税实施办法》规定:农村居民经批准在户口所在地按照规定标准占用耕地建设自用住宅,按照当地适用税额减半征收耕地占用税。

农村居民经批准搬迁,原宅基地恢复耕种,凡新建住宅占用耕地不超过原宅基地面积的,不征收耕地占用税;超过原宅基地面积的,对超过部分按照当地适用税额减半征收耕地占用税。

2. 其他耕地占用税优惠情况:

军事设施占用耕地及学校、幼儿园、养老院、医院占用耕地免征耕地占用税。

农村烈士家属、残疾军人、鳏寡孤独以及革命老根据地、少数民族聚居区和边远贫困山区生活困难的农村居民，在规定用地标准以内新建住宅缴纳耕地占用税确有困难的，经所在地乡（镇）人民政府审核，报经县级人民政府批准后，可以免征或者减征耕地占用税。

问题 248：临时占用耕地是否要缴纳耕地占用税？

答：临时占用耕地的，应当按照规定缴纳耕地占用税。纳税人在批准临时占用耕地的期限内恢复所占用耕地原状的，全额退还已经缴纳的耕地占用税。临时占用耕地，是指纳税人因建设项目施工、地质勘查等需要，在一般不超过 2 年内临时使用耕地并且没有修建永久性建筑物的行为。

因污染、取土、采矿塌陷等损毁耕地的，比照临时占用耕地的情况，由造成损毁的单位或者个人缴纳耕地占用税。超过 2 年未恢复耕地原状的，已征税款不予退还。

问题 249：什么是契税？哪些情况应缴纳契税？

答：契税是以所有权发生转移变动的不动产为征税对象，向产权承受人征收的一种财产税。

根据《中华人民共和国契税暂行条例》第一条规定：在中华人民共和国境内转移土地、房屋权属，承受的单位和个人为契税的纳税人，应当依照本条例的规定缴纳契税。

第二条规定：本条例所称转移土地、房屋权属是指下列行为：

（一）国有土地使用权出让；

（二）土地使用权转让，包括出售、赠与和交换；

（三）房屋买卖；

（四）房屋赠与；

（五）房屋交换。

前款第二项土地使用转让，不包括农村集体土地承包经营权的转移。

问题 250：契税的税率是多少？税额怎么计算？

答：根据《中华人民共和国契税暂行条例》规定，契税的税率为 3%～5%，具体由省、自治区、直辖市人民政府在前款规定的幅度内按照本地区的实际情况确定，并报财政部和国家税务总局备案。浙江省规定的税率为 3%。后财政部、国家税务总局发出通知，从 1999 年 8 月 1 日起，个人购买自用普通住宅，契税暂时减半征收。

契税的计税依据为：（一）国有土地使用权出让、土地使用权出售、房屋买卖，为成交价格；（二）土地使用权赠与、房屋赠与，由征收机关参照土地使用权出售、房屋买卖的市场价格核定；（三）土地使用权交换、房屋交换，为所交换的土地使用权、房屋的价格的差额。对成交价格明显低于市场价格并且无正当理由的，或者所交换土地使用权、房屋的价格的差额明显不合理并且无正当理由的，由征收机关参照市场价格核定。

契税应纳税额计算公式为：

应纳税额＝计税依据×税率。

问题 251：哪些情况可减免契税？

答：浙江省实施《中华人民共和国契税暂行条例》办法第六条规定：有下列情形之一的，减征或者免征契税：

（一）国家机关、事业单位、社会团体、军事单位承受土地、房屋用于办公、教学、医疗、科研等和军事设施的，免征契税。

1. 用于办公的，是指办公室（楼）、附属的职工食堂、职工浴室、库房和其他直接用于办公的土地、房屋；

2. 用于教学的，是指教室（教学楼）、图书馆、实验室、操场和其他直接用于教学的土地、房屋；

3. 用于医疗的，是指门诊部、住院部和其他直接用于医疗的土地、房屋；

4. 用于科研的，是指科学试验场所、资料馆（室）和其他直接用于科研的土地、房屋；

5. 用于军事设施的，是指地上和地下的军事指挥作战工程；军用的机场、港口、码头；军用的库房、营区、训练场、试验场；军用的通信、导航、观测台站；其他直接用于军事设施的土地、房屋。

（二）城镇职工按规定第一次购买公有住房并在规定住房标准面积以内的，免征契税；超过国家规定标准面积的部分，应按照规定征收契税。

（三）因自然灾害、战争等不可抗力灭失住房而重新购买住房的，准予减征或者免征契税。

（四）土地、房屋被县级以上人民政府征用、占用后，重新承受土地、房屋权属，其成交价格没有超出土地、房屋补偿费和安置补助费的，免征契税；超出土地、房屋补偿费和安置补助费的部分，准予减征或者免征契税。

（五）承受荒山、荒地、荒滩、荒涂土地使用权，用于农、林、牧、渔业生产的，免征契税。

（六）土地、房屋权属交换，交换价格相等的，免征契税；交换价格不相等的，向多交付货币、实物、无形资产或者其他经济利益的一方征收契税。

（七）国家规定的其他减征、免征契税的项目。

问题 252：契税的纳税义务发生时间如何确定？

答：契税的纳税义务发生时间，为纳税人签订土地、房屋权属转移合同的当天，或者纳税人取得其他具有土地、房屋权属转移合同性质凭证的当天。

纳税人应当于纳税义务发生之日起 10 日内，向土地、房屋所在地的契税征收机关办理纳税申报，并在契税征收机关核定的期限内缴纳税款。

第 12 章　社会保障税收

🖐 问题 253：怎样办理社会保险费登记和缴费手续？

答：社会保险费登记，一般遵循属地参保登记管理原则。缴费单位和缴费个人应当到其所在地的社会保险经办机构办理社会保险参保登记。缴费单位和缴费个人在领取社会保险登记证之日起 30 日内，到主管地方税务机关办理缴费手续。

🖐 问题 254：农村社会养老保险对象有什么权益？

答：保险对象的权益有：

1. 投保人在交费期间身亡者，个人缴纳全部本息，退给其法定继承人或指定受益人。

2. 投保人领取养老金，保证期为十年。领取养老金不足十年身亡者，保证期内的养老金余额可以继承。无继承人或指定受益人者，按农村社会养老保险管理机构的有关规定支付丧葬费用。领取者超过十年长寿者，支付养老金直至身亡为止。

3. 保险对象从本县（市）迁往外地。若迁入地尚未建立农村社会养老保险制度，可将其个人缴纳全部本息退给本人。

4. 投保人招工、提干、考学等农转非，可将保险关系

（含资金）转入新的保险轨道，或将个人缴纳全部本息退还本人。

问题 255：我国关于农村养老保险有哪些新规定？

答：根据国发〔2009〕32 号《国务院关于开展新型农村社会养老保险试点的指导意见》规定，从 2009 年起开展新型农村社会养老保险（以下简称新农保）试点。

新农保试点的基本原则是"保基本、广覆盖、有弹性、可持续"。一是从农村实际出发，低水平起步，筹资标准和待遇标准要与经济发展及各方面承受能力相适应；二是个人（家庭）、集体、政府合理分担责任，权利与义务相对应；三是政府主导和农民自愿相结合，引导农村居民普遍参保；四是中央确定基本原则和主要政策，地方制订具体办法，对参保居民实行属地管理。

目标是 2009 年试点覆盖面为全国 10％的县（市、区、旗），以后逐步扩大试点，在全国普遍实施，2020 年之前基本实现对农村适龄居民的全覆盖。

主要规定如下：

1. 参保范围。年满 16 周岁（不含在校学生）、未参加城镇职工基本养老保险的农村居民，可以在户籍地自愿参加新农保。

2. 基金筹集。新农保基金由个人缴费、集体补助、政府补贴构成。

（1）个人缴费。参加新农保的农村居民应当按规定缴纳养老保险费。缴费标准目前设为每年 100 元、200 元、300元、400 元、500 元五个档次，地方可以根据实际情况增设缴费档次。参保人自主选择档次缴费,多缴多得。国家依据农村居民人均纯收入增长等情况适时调整缴费档次。

(2) 集体补助。有条件的村集体应当对参保人缴费给予补助,补助标准由村民委员会召开村民会议民主确定。鼓励其他经济组织、社会公益组织、个人为参保人缴费提供资助。

(3) 政府补贴。政府对符合领取条件的参保人全额支付新农保基础养老金,其中中央财政对中西部地区按中央确定的基础养老金标准给予全额补助,对东部地区给予50%的补助。

地方政府应当对参保人缴费给予补贴,补贴标准不低于每人每年 30 元;对选择较高档次标准缴费的,可给予适当鼓励,具体标准和办法由省(区、市)人民政府确定。对农村重度残疾人等缴费困难群体,地方政府为其代缴部分或全部最低标准的养老保险费。

3. 建立个人账户。国家为每个新农保参保人建立终身记录的养老保险个人账户。个人缴费,集体补助及其他经济组织、社会公益组织、个人对参保人缴费的资助,地方政府对参保人的缴费补贴,全部记入个人账户。个人账户储存额目前每年参考中国人民银行公布的金融机构人民币一年期存款利率计息。

4. 养老金待遇。养老金待遇由基础养老金和个人账户养老金组成,支付终身。

中央确定的基础养老金标准为每人每月 55 元。地方政府可以根据实际情况提高基础养老金标准,对于长期缴费的农村居民,可适当加发基础养老金,提高和加发部分的资金由地方政府支出。

个人账户养老金的月计发标准为个人账户全部储存额除以 139（与现行城镇职工基本养老保险个人账户养老金计发系数相同）。参保人死亡，个人账户中的资金余额，除政府补贴外，可以依法继承；政府补贴余额用于继续支付其他参保人的养老金。

5. 养老金待遇领取条件。年满 60 周岁、未享受城镇职工基本养老保险待遇的农村有户籍的老年人，可以按月领取养老金。

新农保制度实施时，已年满 60 周岁、未享受城镇职工基本养老保险待遇的，不用缴费，可以按月领取基础养老金，但其符合参保条件的子女应当参保缴费；距领取年龄不足 15 年的，应按年缴费，也允许补缴，累计缴费不超过 15 年；距领取年龄超过 15 年的，应按年缴费，累计缴费不少于 15 年。

要引导中青年农民积极参保、长期缴费，长缴多得。具体办法由省（区、市）人民政府规定。

6. 待遇调整。国家根据经济发展和物价变动等情况，适时调整全国新农保基础养老金的最低标准。

问题 256：浙江省关于城乡居民社会养老保险有哪些规定？

答：根据浙政发〔2009〕62 号《浙江省人民政府关于建立城乡居民社会养老保险制度的实施意见》规定，2010 年 1 月 1 日起，凡符合条件、年满 60 周岁的本省户籍城乡居民按规定享受政府提供的基础养老金，并加快推进参保缴费

工作,扩大覆盖面。2012 年,全省实现制度全覆盖。该实施意见规定的政策主要有以下几方面:

1. 参保范围。具有本省户籍,年满 16 周岁(全日制学校在校学生除外),非国家机关、事业单位、社会团体工作人员,未参加职工基本养老保险的城乡居民,均可在户籍地参加城乡居民社会养老保险。

2. 基金筹集。城乡居民社会养老保险基金主要由个人缴费、集体补助和政府补贴构成。

(1)个人缴费。参加城乡居民社会养老保险的人员应当按规定缴纳养老保险费。缴费标准目前设为每年 100元、200 元、300 元、400 元、500 元五个档次,各地可按不低于当地上年农村居民人均纯收入或城镇居民人均可支配收入 5% 的额度,增设和调整若干绝对额缴费档次。参保人自主选择档次缴费,多缴多得。

(2)集体补助。有条件的村集体经济组织应当对参保人缴费给予补助,补助标准由村民委员会召开村民会议民主确定。鼓励其他经济组织、社会公益组织、个人为参保人缴费提供资助。

(3)政府补贴。社会统筹基金由财政提供,主要用于支付基础养老金、参保人个人缴费补贴、缴费年限养老金和丧葬补助费等。省财政按照省里确定的基础养老金最低标准,对两类一至六档地区分别给予 80%、72%、64%、48%、20% 和 10% 的补助。对五至六档地区,如纳入国家或省试点,省财政按国家实际补助标准和城乡居民享受基础养老金的人数给予补助。

参保人所在市、县(市、区)财政对参保人缴费给予补贴,补贴标准不低于每人每年 30 元;对选择较高档次标准缴费的,可给予适当鼓励;对重度残疾人、低保对象等困难群体缴费,按当地最低档次缴费标准给予部分或全部补贴。缴费补贴的具体标准和办法由市、县(市、区)政府制订。

3. 个人账户。国家为每个城乡居民社会养老保险参保人建立终身记录的养老保险个人账户。个人缴费、集体补助及其他经济组织、社会公益组织、个人对参保人缴费的资助,市、县(市、区)政府对参保人的缴费补贴,全部记入个人账户。个人账户储存额目前每年参考中国人民银行公布的金融机构人民币一年期同期存款利率计息。

4. 待遇享受。城乡居民养老金待遇标准、领取条件等按下列规定执行:

(1) 养老金待遇标准。城乡居民养老金待遇由基础养老金、个人账户养老金和缴费年限养老金三部分组成,支付终身。

基础养老金标准每人每月不低于 60 元。市、县(市、区)政府可适当提高当地基础养老金标准,城镇居民的基础养老金水平可适当高于农村居民。

个人账户养老金月标准为个人账户全部储存额除以139(与现行企业职工基本养老保险个人账户养老金计发系数相同)。参保人死亡后,其个人账户中的资金余额,除政府补贴外,可以依法继承。政府补贴余额用于继续支付其他参保人的养老金。

缴费年限养老金月标准根据长缴多得的原则,按缴费年限分段计发。目前暂定为:缴费 5 年(含 5 年)以下的参保人,其月缴费年限养老金按 1 元/年计发;缴费 6 年以上、

10 年(含 10 年)以下的参保人,其月缴费年限养老金从第 6 年起按 2 元/年计发;缴费年限 11 年(含 11 年)以上的参保人,其月缴费年限养老金从第 11 年起按 3 元/年计发。

按本实施意见规定已领取养老金待遇的参保人员,死亡时可享受一次性丧葬补助费。一次性丧葬补助费标准为参保人死亡当月享受的基础养老金的 20 个月金额。

对参保的复员退伍军人(含制度实施时 60 周岁以上的人员),军龄视同缴费,并加发优待养老金。

(2)养老金待遇领取条件。年满 60 周岁、未享受国家机关、事业单位、社会团体离休、退休、退职待遇和职工基本养老金待遇的城乡有户籍的老年人,可以按月领取养老金。

城乡居民社会养老保险制度实施时,已年满 60 周岁、未享受国家机关、事业单位、社会团体离休、退休、退职待遇和职工基本养老金待遇的本省户籍城乡居民,不用缴费,可以按月领取基础养老金,但其符合参保条件的子女应当参保缴费;距领取年龄不足 15 年的,应按年缴费,也允许补缴,年补缴额不得低于当地当年的最低缴费标准,累计缴费年限不超过 15 年;距领取年龄超过 15 年(含 15 年)的,应按年缴费,累计缴费年限不少于 15 年。

要引导中青年城乡居民积极参保、长期缴费,长缴多得。

(3)养老金调整机制。省政府根据国家政策并结合浙江省实际,适时调整全省基础养老金最低标准和缴费年限养老金标准。各市、县(市、区)政府可结合本地实际,适时调整当地基础养老金标准。

问题 257：浙江省对城镇个体劳动者基本养老保险缴费比例和基数标准是怎么规定的?

答：城镇个体劳动者每月按照上一年度月平均实际收入的18％缴纳基本养老保险费。其中有雇工的城镇个体工商户,雇主的养老保险费全部由其本人缴纳;雇工的养老保险费,由雇工缴纳8％,雇主缴纳10％。

城镇个体劳动者以上一年月平均实际收入作为个人缴纳基本养老保险费的基数。其中,上一年度月平均实际收入低于上一年度当地在岗职工月平均工资80％的,按照80％确定缴费基数;高于上一年度当地在岗职工月平均工资300％的,按照300％确定缴费基数。当地上一年度在岗职工月平均工资口径应与全省在岗职工月平均工资口径一致,具体由统筹地区统计部门核定、劳动保障行政部门公布。

以上缴费比例和基数标准从2009年4月1日起实施。

问题 258：保险对象的保险关系是否可以转移?农村社会养老保险中怎样办理保险关系转移手续?

答：在缴费期间,保险对象因户口迁移等原因需要转移保险关系的,经农保管理部门的同意,并按规定办理相关手续,保险关系是可以随人转移的,保险关系不会因户口的迁移而中断。

保险关系的转移有两种情况,一是迁出,二是迁入。现分述如下:

1. 迁出。保险对象因户口迁居外县、要求转移保险关系户的,应持有关证明材料到乡(镇)农保管理机构办理迁出手续。有关材料应包括转移申请书、户口转移证明等。乡(镇)农保管理机构查验后,应在申请书上签署意见,将申请者的缴费证、户口转移证明材料、申请书及缴费记录卡上缴到县级管理机构。县级管理机构在收到上述材料后,要确认其转移资格,进而对"缴费记录卡"进行核实,并向迁入县(市)发求转入保险对象的函件。待迁入县(市)复函同意办理转移手续后,要及时将转移者的保险金本息,按规定的计算标准进行核算,转入迁入的县级农保管理机构。转移者的个人基本情况登记表及缴费记录卡也要随之转到保险对象将迁入的缴费单位。

2. 迁入。在收到迁出县(市)要求转移的函件后,迁入县的管理机构要及时复函。待对方的保险金转移过来后,要会同财会部门对保险金进行审核,确认无误后,要向迁入县的农保机构发出由财会部门和县级管理机构分别审核后的保险金收讫回执。对迁入者的缴费记录卡和缴费证要审核,钱账要一致。

问题 259:农村社会养老保险的保险对象领取养老金时,须办理哪些手续?

答:保险对象在到达领取养老金年龄时,应向所在行政村或所在企事业单位的代办员申请办理领取手续。本人的户口薄或身体证等有效证件应作为申报的证明材料,在代办员的指示下,填写领取申请表,交回缴费证。待缴费单位和乡镇保险管理机构办理完有关手续后,领取人会接到通知,到村或乡领取养老金。

问题 260：目前企业职工基本社会保险主要包括哪些险种？各险种的参保对象包括哪些人？

答： 目前实行的企业职工基本社会保险险种主要有基本养老保险、基本医疗保险、失业保险、工伤保险和生育保险。

1. 基本养老保险的参保对象：根据《国务院关于完善企业职工基本养老保险制度的决定》要求，城镇各类企业职工、个体工商户和灵活就业人员都要参加企业职工基本养老保险。如《浙江省职工基本养老保险条例》第二条规定：本省行政区域内的下列用人单位、职工应当依法参加职工基本养老保险：

（1）企业、民办非企业单位等和与其形成劳动关系的职工；

（2）国家机关、事业单位、社会团体和与其形成劳动关系的未纳入行政或者事业养老保险范围的职工。

有雇工的城镇个体工商户和与其形成劳动关系的雇员应当依法参加职工基本养老保险。

无雇工的城镇个体工商户、城镇灵活就业人员可以依照本条例规定参加职工基本养老保险。

本条第一款规定的参加职工基本养老保险的对象，法律、法规另有规定的，从其规定。

2. 基本医疗保险的参保对象：根据《国务院关于建立城镇职工基本医疗保险制度的决定》（国发〔1998〕44 号）规定，城镇所有用人单位，包括企业（国有企业、集体企业、外商投资企业、私营企业等）、机关事业单位、社会团体、民办非企业单位及其职工,都要参加基本医疗保险。乡镇企业及其职工、城镇个体经济组织业主及其从业人员是否参加基本医疗保险,由各省、自治区、直辖市人民政府决定。如浙江省行政区域内具有城镇居民户籍的,以非全日制、临时性和弹性工作等灵活形式就业的人员,以其个人身份参加户籍所在地统筹地区城镇职工基本医疗保险。已与用人单位建立明确劳动关系的灵活就业人员,应通过用人单位按规定参加基本医疗保险,不再以个人身份参保缴费。

3. 失业保险的参保对象:《失业保险条例》(国务院令第 258 号)第二条规定,城镇企业事业单位、城镇企业事业单位职工依照本条例的规定,缴纳失业保险费。如《浙江省失业保险条例》第二条规定:在本省行政区域内的所有企业、事业单位、社会团体、民办非企业单位、由雇工的城镇个体工商户及与其形成劳动关系的职工、雇工,应当依照本条例规定参加失业保险。该条第二款规定:国家机关及与其形成劳动关系的合同制职工依照本条例规定参加失业保险。

4. 工伤保险的参保对象:《工伤保险条例》(国务院令第 375 号)第二条规定,中华人民共和国境内的各类企业、有雇工的个体工商户应当依照本条例规定参加工伤保险,为本单位全部职工或者雇工缴纳工伤保险费。

5. 生育保险的参保对象:劳动和社会保障部制订颁布的《企业职工生育保险实行办法》第二条规定,本办法适用于城镇企业及其职工。如《浙江省生育保险暂行规定》第二条规定:本省行政区域内的各类企业、自收自支或企业化管理事业单位以及民办非企业单位及其职工,应当按照本规定参加生育保险。有条件的地方可将所有事业单位、国家机关、社会团体以及有雇工的城镇个体工商户及其职工、雇工纳入生育保险。

问题 261：某公司是一家城镇企业，请问该公司要参保哪些社会保险？如何缴费？

答：根据浙江省有关规定，该公司要参保基本养老保险、基本医疗保险、失业保险、工伤保险、生育保险。具体缴费情况如下：

1. 基本养老保险。基本养老保险的缴费分两部分：一部分是由用人单位缴纳，缴费基数为每月全部职工工资总额，缴费比例一般不得超过 20%。另一部分是由职工个人缴纳，缴费基数为本人上一年度月平均工资，新参加工作、重新就业和新建用人单位的职工，从进入用人单位之月起，当年缴费基数按用人单位确定的月工资收入计算；职工缴费工资低于上一年度全省在岗职工月平均工资 60% 的，按照 60% 确定；高于上一年度全省在岗职工月平均工资 300% 的，按照 300% 确定。全省上一年度在岗职工月平均工资，由省统计部门核定，省劳动保障行政部门公布。个人部分缴费比例为 8%，这部分保险费由用人单位代扣代缴。

2. 基本医疗保险。基本医疗保险的缴费也分两部分，缴费基数同基本养老保险的缴费基数，用人单位缴费比例控制在职工工资总额的 6% 左右；职工个人缴费比例一般为本人工资收入的 2%。

3. 失业保险。失业保险的缴费也分两部分，用人单位按本单位全部职工工资总额的 2% 缴纳失业保险费，职工个人按照本人工资的 1% 缴纳失业保险费，对暂时难以确定工

资总额的企业、城镇个体工商户,其单位及职工的失业保险
费缴费基数,原则上按照统筹地区上年度企业平均工资水
平的 100% 或者参照其缴纳养老保险费的基数确定。

4. 工伤保险。工伤保险由用人单位缴纳,缴费基数为本
单位全部职工、雇工的工资总额。工伤保险根据不同行业的
工伤风险程度,参照《国民经济行业分类》(GB/T4754 - 2002),
将行业划分为三个类别:一类为风险较小行业,二类为中
等风险行业,三类为风险较大行业。具体由社会保险经办
机构根据用人单位的工商登记和主要经营生产业务等情况
分别确定各用人单位的行业风险类别。三类行业的缴费率
原则上控制在 0.5%、1.0%、1.5% 左右。

5. 生育保险。生育保险由用人单位缴纳,缴费基数为
本单位全部职工、雇工的工资总额。缴费比例为 0.5% ～
1%,具体由统筹地区人民政府确定。

问题 262:什么是企业年金? 企业年金资金如何筹集?

答:根据《企业年金试行办法》规定,企业年金也称企
业补充养老保险,是指企业及职工在依法参加基本养老保
险的基础上,自愿建立的补充养老保险制度。

企业年金所需费用由企业和职工个人共同缴纳。企业
缴费的列支渠道按国家有关规定执行;职工个人缴费可以
由企业从职工个人工资中代扣。

企业缴费每年不超过本企业上年度职工工资总额的
1/12。企业和职工个人缴费合计一般不超过本企业上年度
职工工资总额的 1/6。

第 13 章　个人所得税收

问题 263：哪些个人所得应该缴纳个人所得税？

答：根据《个人所得税法》规定，下列各项个人所得，应缴纳个人所得税：

1. 工资、薪金所得；
2. 个体工商户的生产、经营所得；
3. 对企事业单位的承包经营、承租经营所得；
4. 劳务报酬所得；
5. 稿酬所得；
6. 特许权使用费所得；
7. 利息、股息、红利所得；
8. 财产租赁所得；
9. 财产转让所得；
10. 偶然所得；
11. 经国务院财政部门确定征税的其他所得。

问题 264：请问个人所得税如何计算？收入与应纳税所得额是不是一样的？

答：个人所得税的一般计算方法是：应纳个人所得税＝应纳税所得额×税率。

收入与应纳税所得额是不同的概念，收入为个人取得的所有所得,包括必要费用和应缴税额等。应纳税所得额为收入按照税法规定减除一定费用后的所得额。应纳税所得额的具体计算如下:

1. 工资、薪金所得,以每月收入额减除费用 3500 元后的余额,为应纳税所得额。

2. 个体工商户的生产、经营所得,以每一纳税年度的收入总额,减除成本、费用以及损失后的余额,为应纳税所得额。

3. 对企事业单位的承包经营、承租经营所得,以每一纳税年度的收入总额,减除必要费用后的余额,为应纳税所得额。

4. 劳务报酬所得、稿酬所得、特许权使用费所得、财产租赁所得,每次收入不超过 4000 元的,减除费用 800 元;4000 元以上的,减除 20% 的费用,其余额为应纳税所得额。

5. 财产转让所得,以转让财产的收入额减除财产原值和合理费用后的余额,为应纳税所得额。

6. 利息、股息、红利所得,偶然所得和其他所得,以每次收入额为应纳税所得额。

问题 265:单位发放的实物、有价证券或者向他人提供劳务而取得的实物、有价证券是否要缴纳个人所得税?

答:要并入个人收入缴纳个人所得税。根据《个人所得税法》规定,个人取得的应纳税所得,包括现金、实物和有价证券。所得为实物的,应当按照取得的凭证上所注明的价格计算应纳税所得额;无凭证的实物或凭证上所注明的价格明显偏低的,由主管税务机关参照当地的市场价格核定应纳税所得额。所得为有价证券的,由主管税务机关根据票面价格和市场价格核定应纳税所得额。

　　问题266：请问个人所得税的税率是多少？

　　答：不同个人收入项目适用的个人所得税税率也不同，根据《个人所得税法》规定，个人所得税税率分以下几种：

　　1. 工资、薪金所得以每月收入额减除费用3500元后的余额为应纳税所得额，适用七级超额累进税率，税率为5%～45%。具体见表13－1。

表13－1　个人所得税税率表

级数	全月应纳税所得额		税率（%）	速算扣除数
	含税级距	不含税级距		
1	不超过1500元的	不超过1455元的	3	0
2	超过1500元至4500元的部分	超过1455元至4155元的部分	10	105
3	超过4500元至9000元的部分	超过4155元至7755元的部分	20	555
4	超过9000元至35000元的部分	超过7755元至27255元的部分	25	1005
5	超过35000元至55000元的部分	超过27255元至41255元的部分	30	2755
6	超过55000元至80000元的部分	超过41255元至57505元的部分	35	5505
7	超过80000元的部分	超过57505元的部分	45	13505

　　（注：上表所列含税级距与不含税级距，均为按照税法规定减除有关费用后的所得额；含税级距适用于由纳税人负担税款的工资、薪金所得；不含税级距适用于由他人或单位代付税款的工资、薪金所得。）

2.个人工商户的生产、经营所得和对企事业单位的承包经营、承租经营所得,适用5%～35%的超额累进税率(具体税率表请见问题289)。

3.稿酬所得,适用比例税率,税率为20%,并按应纳税额减征30%。

4.劳务报酬所得,适用比例税率,税率为20%。对劳务报酬所得一次收入畸高的,可以实行加成征收,具体办法由国务院规定。

5.特许权使用费所得,利息、股息、红利所得,财产租赁所得,财产转让所得,偶然所得和其他所得,适用比例税率,税率为20%。

问题267:请问哪些项目可以免纳个人所得税或减征个人所得税?

答:1.免纳个人所得税的项目有:

(1)省级人民政府、国务院部委和中国人民解放军军以上单位,以及外国组织、国际组织颁发的科学、教育、技术、文化、卫生、体育、环境保护等方面的奖金;

(2)国债和国家发行的金融债券利息;

(3)按照国家统一规定发给的补贴、津贴;

(4)福利费、抚恤金、救济金;

(5)保险赔款;

(6)军人的转业费、复员费;

(7)按照国家统一规定发给干部、职工的安家费、退职费、退休工资、离休工资、离休生活补助费;

(8)依照我国有关法律规定应予免税的各国驻华使

馆、领事馆的外交代表、领事官员和其他人员的所得；

（9）中国政府参加的国际公约、签订的协议中规定免税的所得；

（10）经国务院财政部门批准免税的所得。

2. 减征个人所得税的项目有：

（1）残疾、孤老人员和烈属的所得；

（2）因严重自然灾害造成重大损失的；

（3）其他经国务院财政部门批准减税的。

问题 268：请问减免个人所得税是否要经税务机关批准？

答：在纳税人享受减免个人所得税优惠政策时，是否须经税务机关审核或批准，应按照以下原则执行：

1. 税收法律、行政法规、部门规章和规范性文件中未明确规定纳税人享受减免税必须经税务机关审批的，且纳税人取得的所得完全符合减免税条件的，无须经主管税务机关审批，纳税人可自行享受减免税。

2. 税收法律、行政法规、部门规章和规范性文件中明确规定纳税人享受减免税必须经税务机关审批的，或者纳税人无法准确判断其取得的所得是否应享受个人所得税减免的，必须经主管税务机关按照有关规定审核或批准后，方可减免个人所得税。

3. 纳税人有《个人所得税法》第五条规定情形之一的（即问题 267 中减征个人所得税的项目），必须经主管税务机关批准，方可减征个人所得税。

问题 269：如果个人将其所得捐赠给红十字会等公益组织，那捐赠部分是否要缴纳个人所得税？

答：根据《个人所得税法》规定，个人将其所得对教育事业和其他公益事业捐赠的部分，按照国务院有关规定从应纳税所得中扣除。同时，《税法》又规定，这里所说的个人将其所得对教育事业和其他公益事业的捐赠，是指个人将其所得通过中国境内的社会团体、国家机关向教育和其他社会公益事业以及遭受严重自然灾害地区、贫困地区的捐助。

对可税前扣除的捐赠额，《税法》也作了明确规定，即除明确规定可以全额扣除的外，一般对捐赠额未超过纳税义务人申报的应纳税所得额 30％的部分，可以从其应纳税所得额中扣除。

也就是说，要通过政府机关或国家和政府认可的社团组织等进行捐赠的才可以进行税前扣除，而且《税法》对可在税前扣除的捐赠额也作了规定，如向红十字会的捐赠、对青少年活动场所捐赠、向福利性、非营利性老年服务机构的捐赠可以在税前全额扣除，其他的捐赠一般为应纳税所得额 30％的部分准予在税前扣除。

问题 270：我在某公司上班，上班前与公司商量好了每月的工资额，但公司每月发给我的工资却比商量好的要少，公司说是因为代扣了个人所得税，请问公司代扣是合法的吗？

答：你公司是对的。根据《个人所得税法》规定，个人所得税，以所得人为纳税义务人，以支付所得的单位或者个人为扣缴义务人。也就是说，公司在发工资时，有权扣缴每个员工的个人所得税,同时,这也是法律赋予公司的义务。

问题 271:哪些人需要自行申报缴纳个人所得税?

答:按照《中华人民共和国个人所得税法实施条例》第三十六条和《个人所得税自行纳税申报办法》第二条的规定,凡在中国境内负有个人所得税纳税义务的纳税人,具有以下五种情形之一的,应当按照规定自行向税务机关办理纳税申报:

1. 年所得 12 万元以上的;

2. 从中国境内两处或两处以上取得工资、薪金所得的;

3. 从中国境外取得所得的;

4. 取得应税所得,没有扣缴义务人的;

5. 国务院规定的其他情形。

问题 272:"年所得 12 万元以上"中的年所得包括哪些项目?

答:年所得 12 万元以上的,是指个人所得税纳税人在一个纳税年度内以下 11 项所得合计达到 12 万元:

1. 工资、薪金所得;

2. 个体工商户的生产、经营所得;

3. 对企事业单位的承包、承租经营所得;

4. 劳务报酬所得;

5. 稿酬所得;

6. 特许权使用费所得;

7. 利息、股息、红利所得;

8. 财产租赁所得;

9. 财产转让所得；

10. 偶然所得；

11. 其他所得。

问题 273：在计算个人所得税时，个人取得哪些所得可以不计算在年所得中？

答：在计算个人所得税时，个人取得的以下所得可以不计算在年所得中：

1. 省级人民政府、国务院部委和中国人民解放军军以上单位，以及外国组织、国际组织颁发的科学、教育、技术、文化、卫生、体育、环境保护等方面的奖金；

2. 国债和国家发行的金融债券利息；

3. 按照国家统一规定发给的补贴、津贴；

4. 福利费、抚恤金、救济金；

5. 保险赔款；

6. 军人的转业费、复员费；

7. 按照国家统一规定发给干部、职工的安家费、退职费、退休工资、离休工资、离休生活补助费；

8. 依照我国有关法律规定应予免税的各国驻华使馆、领事馆的外交代表、领事官员和其他人员的所得；

9. 中国政府参加的国际公约、签订的协议中规定免税的所得；

10. 经国务院财政部门批准免税的所得。

问题 274："年所得 12 万元以上"中年所得包括的各个项目如何计算？

答："年所得 12 万元以上"中年所得包括的各个项目计

算方法如下：

1. 工资、薪金所得：是指未减除费用（每月 3500 元，涉外人员每月 4800 元）的收入额，即与任职、受雇有关的各种所得，剔除按国家统一规定发给的补贴、津贴及"三费一金"（基本养老保险费、基本医疗保险费、失业保险费和住房公积金）以后的余额。

2. 个体工商户的生产、经营所得：是指应纳税所得额，即实行查账征收的，按照每一纳税年度的收入总额减除成本、费用以及损失后的余额计算；实行核定征收的，按照应税所得率计算应纳税所得额。例如：某个体工商户 2006 年生产经营收入总额为 150 万元，核定应税所得率为 10%，则该个体工商户 2006 年生产经营所得应纳税所得额（150×10%）为 15 万元。按照征收率核定个人所得税的，应将征收率换算为应税所得率计算应纳税所得额。

个人独资企业和合伙企业投资者的应纳税所得额，比照上述方法计算。合伙企业投资者按照上述方法确定应纳税所得额后，合伙人应根据合伙协议规定的分配比例确定其应纳税所得额，合伙协议未规定分配比例的，按合伙人数平均分配确定其应纳税所得额。对于同时参与两个以上企业投资的，合伙人应将其投资所有企业的应纳税所得额相加后的总额作为年所得。

3. 对企事业单位的承包、承租经营所得：按照每一纳税年度的收入总额计算，即按照承包经营、承租经营者实际取得的经营利润加上从承包、承租的企事业单位中取得的工资、薪金性质的所得。

4. 劳务报酬所得、特许权使用费所得：是指未减除法

定费用(每次 800 元或者每次收入的 20%)和纳税人在提供
劳务或让渡特许权使用权过程中缴纳的有关税费的收入额。

5. 稿酬所得：是指未减除法定费用(每次 800 元或者
每次收入的 20%)的收入额。

6. 财产租赁所得：是指未减除法定费用(每次 800 元
或者每次收入的 20%)、修缮费用(每月不超过 800 元)和纳
税人在出租财产过程中缴纳的有关税费的收入额。对于纳
税人一次取得跨年度财产租赁所得的,全部视为实际取得
所得年度的所得。

7. 财产转让所得：是指转让财产的收入额减除财产原
值和转让过程中缴纳的税金及有关合理费用后的余额,即
应纳税所得额。其中,个人转让住房所得采取核定征收个
人所得税的,根据实际征收率(1%、2%、3%),对应换算为
应税所得率(5%、10%、15%)计算应纳税所得额。例如,某
人转让住房价格为 70 万元,按照 1% 的征收率征收个人所
得税 0.7 万元,则该纳税人转让住房的应纳税所得额(70×
5%)3.5 万元。

股票转让所得以一个纳税年度内,个人股票转让所得
与损失盈亏相抵后的正数为申报所得数额,盈亏相抵为负
数的此项所得按"零"填写。

8. 利息、股息、红利所得、偶然所得和其他所得：均指
不减除任何费用的收入额。其中,个人储蓄存款利息所得、
企业债券利息所得全部视为实际取得年度的所得。

问题 275：年所得 12 万元以上的个人，应在什么时候申报？

答：从 2006 年 1 月 1 日起，年所得 12 万元以上的纳税人，在纳税年度终了后 3 个月内，应当向主管地方税务机关办理纳税申报。例如：2006 年年所得达到 12 万元的纳税人，应该在 2007 年 1 月 1 日至 3 月 31 日到主管地方税务机关办理纳税申报。

问题 276：年所得 12 万元以上的个人，应该到什么地方申报？

答：年所得 12 万元以上的纳税人，年度终了后的纳税申报地点应区别不同情况按以下顺序来确定，具体为：

1. 在中国境内有任职、受雇单位的，向任职、受雇单位所在地主管地税机关申报。

2. 在中国境内有两处或者两处以上任职、受雇单位的，选择并固定向其中一处单位所在地主管地税机关申报。

3. 在中国境内无任职、受雇单位，年所得项目中有个体工商户的生产、经营所得或者对企事业单位的承包、承租经营所得（以下统称生产、经营所得）的，向其中一处实际经营所在地主管地税机关申报。

4. 在中国境内无任职、受雇单位，年所得项目中无生产、经营所得的，向户籍所在地主管地税机关申报。在中国境内有户籍，但户籍所在地与中国境内经常居住地不一致的，选择并固定向其中一地主管地税机关申报。在中国境内没有户籍的，向中国境内经常居住地主管地税机关申报。经常居住地，是指纳税人离开户籍所在地最近连续居住一年以上的地方。

问题 277：**个人年所得达到 12 万元以上，但平常取得收入时已经足额缴纳了税款，年终是否还需要申报？**

答：按照《中华人民共和国个人所得税法实施条例》和《个人所得税自行纳税申报办法》的规定，如果个人在一个纳税年度内取得所得达到 12 万元以上，无论其平常取得各项所得时是否已足额缴纳了个人所得税，或者是否已向税务机关进行了自行纳税申报，年度终了后，均应当按《个人所得税自行纳税申报办法》的有关规定向主管地方税务机关办理纳税申报。

问题 278：**年所得 12 万元以上的个人，如果未按照规定的期限办理纳税申报，或不进行纳税申报，是否要负法律责任？**

答：依照《中华人民共和国税收征收管理法》第六十二条和第六十四第二款的规定，年所得 12 万元以上的个人，未按照规定的期限办理纳税申报和报送纳税申报资料的，由税务机关责令限期改正，可以处二千元以下的罚款；情节严重的，可以处二千元以上一万元以下的罚款。纳税人不进行纳税申报，不缴或者少缴税款的，由税务机关追缴其不缴或者少缴的税款、滞纳金，并处不缴或者少缴税款的 50%以上 5 倍以下的罚款。

问题 279：**个人取得全年一次性奖金或年终加薪，应当如何缴纳个人所得税？**

答：个人取得全年一次性奖金（包括年终加薪）的，应分两种情况计算缴纳个人所得税：

1. 个人取得全年一次性奖金且获取奖金当月个人的工资、薪金所得高于（或等于）税法规定的费用扣除额的。计算方法是：用全年一次性奖金总额除以 12 个月，按其商数对照工资、薪金所得项目税率表，确定适用税率和对应的速算扣除数，计算缴纳个人所得税。

计算公式为：应纳个人所得税税额＝个人当月取得的全年一次性奖金×适用税率－速算扣除数。

个人当月工资、薪金所得与全年一次性奖金应分别计算缴纳个人所得税。

2. 个人取得全年一次性奖金且获取奖金当月个人的工资、薪金所得低于税法规定的费用扣除额的，计算方法是：用全年一次性奖金减去"个人当月工资、薪金所得与费用扣除额的差额"后的余额除以 12 个月，按其商数对照工资、薪金所得项目税率表，确定适用税率和对应的速算扣除数，计算缴纳个人所得税。

计算公式为：应纳个人所得税税额＝（个人当月取得全年一次性奖金－个人当月工资、薪金所得与费用扣除额的差额）×适用税率－速算扣除数。

由于上述计算纳税方法是一种优惠办法，在一个纳税年度内，对每一个人，该计算纳税办法只允许采用一次。对于全年考核，分次发放奖金的，该办法也只能采用一次。

问题 280： 我家农田原种有橘树、蔬菜等，现因修建公路征用了我家的农田，政府给了我们一笔青苗补偿费，请问青苗补偿费是否要缴纳个人所得税？

答： 根据国家税务总局《关于个人取得青苗补偿费收

入征免个人所得税的批复》(国税函发〔1995〕079号)规定,乡镇企业的职工和农民取得的青苗补偿费,属种植业的收益范围,同时,也属经济损失的补偿性收入,因此,对他们取得青苗补偿费收入暂不征收个人所得税。

问题281：请问土地承包人的青苗补偿费收入是否要缴纳个人所得税?

答：根据国家税务总局《关于征用土地过程中征地单位支付给土地承包人员的补偿费如何征税问题的批复》(国税函发〔1997〕87号)规定,对土地承包人取得的青苗补偿费收入,暂免征收个人所得税;取得的转让建筑物等财产性质的其他补偿费收入,应按照《中华人民共和国个人所得税法》的"财产转让所得"应税项目计征个人所得税。

问题282：请问旧城改造征用居民住房发放的搬迁补偿奖励费是否要缴纳个人所得税?

答：关于搬迁补偿的奖励费是否征收个人所得税问题,依据市政开发部门的解释,提前搬迁奖励费实质上是拆迁单位对被拆迁户提前搬迁造成的损失及临时安置期间实际需要的部分费用给予的一次性补偿。鉴于上述情况,根据国家税务总局国税函〔1998〕428号文规定,拆迁户取得的上述补偿性质的收入,可免予征收个人所得税。

另外,根据财政部、国家税务总局《关于城镇房屋拆迁有关税收政策的通知》(财税〔2005〕45号)规定,对被拆迁人按照国家有关城镇房屋拆迁管理办法规定的标准取得的拆迁补偿款,免征个人所得税。

问题 283：实行年薪制和绩效工资的人，应当如何缴纳个人所得税？

答：在实行年薪制和绩效工资的单位，个人平时按月取得的生活费或部分工资，应按月依照工资、薪金所得计算缴纳个人所得税。年终取得的年薪和绩效工资，应按全年一次性奖金计税办法计算缴纳个人所得税。

问题 284：内部退养（或提前离岗）人员取得的所得应该如何缴纳个人所得税？

答：对内部退养（或提前离岗）人员取得的所得应按以下方法缴纳个人所得税：

1. 企业减员增效和行政、事业单位、社会团体在机构改革中，未达到离退休年龄提前离岗且未办理离退休手续（内部退养）的职工，从原任职单位取得的工资、薪金，不属于离退休工资，应按工资、薪金所得计算缴纳个人所得税。

2. 个人在办理内部退养（提前离岗）手续后，从原任职单位取得的一次性收入，应按办理内部退养手续后至法定离退休年龄之间的所属月份进行平均，并与领取当月的工资、薪金所得合并，减去当月费用扣除标准后，以余额为基数确定适用税率和对应的速算扣除数，然后再将当月工资、薪金所得加上取得的一次性收入，减去费用扣除标准，按照已确定的税率计算缴纳个人所得税。

应纳个人所得税税额＝[（当月工资、薪金所得＋一次性内部退养收入）－费用扣除标准]×适用税率－速算扣除数。

3. 个人在办理内部退养手续后至法定离退休年龄之

间重新就业,取得的工资、薪金所得,应与其从原单位取得的同一月份的工资、薪金所得合并计算缴纳个人所得税。

问题 285:个人因与用人单位解除劳动关系而取得一次性补偿收入应当如何缴纳个人所得税?

答:个人因与用人单位解除劳动关系而取得一次性补偿收入、退职费、安置费等所得要按照以下方法计算缴纳个人所得税:

1. 一次性补偿收入。个人因与用人单位解除劳动关系而取得的一次性补偿收入,其收入在当地(所在省市)上年职工平均工资 3 倍数额以内的部分,免征个人所得税;超过的部分,可视为一次取得数月的工资、薪金收入,允许在一定期限内进行平均,并按照规定计算缴纳个人所得税。

计算方法为:个人取得的一次性补偿收入,减去当地上年职工平均工资 3 倍数额以内的部分,再减去按国家和地方政府规定比例实际缴纳的住房公积金、医疗保险金、基本养老保险金、失业保险费,用此余额除以个人在本企业的实际工作年限数,以其商数作为个人的月工资、薪金收入,按照工资、薪金所得项目计算出应纳的个人所得税,然后再乘以年限数,就是应纳个人所得税税额。个人在该企业的工作年限数按实际工作年限数计算,超过 12 年的按 12 年计算。

例如:张某在振华钢厂工作 20 年,现因企业不景气被买断工龄,振华钢厂向张某支付一次性补偿金 16 万元,同时,从 16 万元中拿出 1 万元替张某缴纳"四金",当地上年职工平均工资为 1.8 万元,张某应缴纳的个人所得税应按以下步骤计算:免纳个人所得税的部分 = 18000 × 3 +

10000＝64000 元；应纳个人所得税的部分＝160000－64000＝96000 元。

将张某应纳个人所得税的部分进行分摊，张某虽然在该企业工作 20 年，但最多只能按 12 年分摊，96000÷12－3500＝4500 元，对应税率为 10%，速算扣除数为 105 元；应纳个人所得税税额＝(4500×10%－105)×12＝4140 元。

2. 退职费收入。对于个人取得的退职费收入，可按照上述一次性补偿收入的办法计算缴纳个人所得税。税法另有规定的除外。

3. 安置费收入。对于企业依照国家有关法律规定宣告破产，企业职工从该破产企业中取得的一次性安置费收入，免纳个人所得税。

问题 286：个人离退休后返聘取得工资收入是否需要缴纳个人所得税？

答：对于离退休后返聘所取得的工资、薪金收入，以及离退休后重新就业取得的工资、薪金收入，属于个人离退休后重新受雇取得的收入，应按工资、薪金所得计算缴纳个人所得税。

个人缴纳的补充养老保险金、补充医疗保险金属于工资、薪金的组成部分，在计算个人所得税时，不得从当月的工资、薪金所得中扣除。

问题 287：住房公积金、医疗保险金、基本养老保险金、失业保险基金个人账户存款利息所得是否需要缴纳个人所得税？

答：个人按照国家和地方政府规定的比例缴付的住房

公积金、医疗保险金、基本养老保险金、失业保险金等存入银行个人账户所取得的利息所得,不用缴纳个人所得税。

问题 288:哪些按照国家统一规定发给的补贴、津贴可以免税?

答:按照国务院规定发给的政府特殊津贴、院士津贴、资深院士津贴,以及国务院规定免纳个人所得税的其他补贴、津贴可以免税。

问题 289:个体工商户的生产、经营所得如何缴纳个人所得税?

答:个体工商户的生产、经营所得,是指:

1. 个体工商户从事工业、手工业、建筑业、交通运输业、商业、饮食业、服务业、修理业以及其他行业生产、经营取得的所得;

2. 个人经政府有关部门批准,取得执照,从事办学、医疗、咨询以及其他有偿服务活动取得的所得;

3. 其他个人从事个体工商业生产、经营取得的所得;

4. 上述个体工商户和个人取得的与生产、经营有关的各项应纳税所得。

个体工商户生产、经营所得的应纳税所得额=每一纳税年度的收入总额-成本、费用及损失

其中,收入总额是指个体工商户从事生产经营以及与生产经营有关的活动所取得的各项收入,包括商品(产品)销售收入、营运收入、劳务服务收入、工程价款收入、财产出租或转让收入、利息收入、其他业务收入和营业外收入等。各项收入应当按权责发生制原则确定。

成本、费用是指个体工商户从事生产经营所发生的各项直接支出和分配计入成本的间接费用以及销售费用、管理费用、财务费用。

损失是指个体工商户在生产经营过程中发生的各项营业外支出。

个体工商户的生产、经营所得按年度计算缴纳个人所得税,适用5%至35%的超额累进税率。税率见表13-2所示。

表13-2　个体工商户缴纳个人所得税的税率表

级数	全年应纳税所得额		税率(%)	速算扣除数
	含税级距	不含税级距		
1	不超过15000元的	不超过14250元的	5	0
2	超过15000元至30000元的部分	超过14250元至27750元的部分	10	750
3	超过30000元至60000元的部分	超过27750元至51750元的部分	20	3750
4	超过60000元至100000元的部分	超过51750元至79750元的部分	30	9750
5	超过100000元的部分	超过79750元的部分	35	14750

注:本表所列含税级距与不含税级距,均为按照税法规定以每一纳税年度的收入总额减除成本、费用以及损失后的所得额;含税级距适用于个体工商户的生产、经营所得和由纳税人负担税款的对企事业单位的承包经营、承租经营所得;不含税级距适用于由他人(单位)代付税款的对企事业单位的承包经营、承租经营所得。

个体工商户生产、经营所得应纳税额的计算公式为:

应纳个人所得税税额=应纳税所得额×适用税率-速算扣除数

上述计税办法适用于查账征收的个体工商户,不适用于核定征收的个体工商户。

问题 290:演职人员取得报酬,应当如何缴纳个人所得税?

答:演职人员是指参加演出(包括舞台演出、录音、录像、拍摄影视等)而取得报酬的个人。

演职人员参加任职单位组织的演出取得的报酬为工资、薪金所得,按月缴纳个人所得税。

演职人员参加非任职单位组织的演出取得的报酬为劳务报酬所得,按次缴纳个人所得税。

演职人员取得报酬后按规定上交给单位和文化行政部门的管理费以及收入分成,经主管税务机关确认后在计算应纳税所得额时扣除。

演职人员取得报酬为不含税收入(指税后收入)的,分两种情况:

1. 作为工资、薪金所得的,计算公式为:

应纳税所得额=(不含税收入-费用扣除标准-速算扣除数)÷(1-税率)

应纳个人所得税税额=应纳税所得额×适用税率-速算扣除数

2. 作为劳务报酬所得的,计算公式为:

不含税收入额低于 3360 元的,应纳税所得额=(不含税收入额-800)÷(1-税率)

不含税收入额高于 3360 元的,应纳税所得额=[(不含税收入额-速算扣除数)×(1-20%)]÷[1-税率×(1-20%)]

应纳个人所得税税额＝应纳税所得额×适用税率－速算扣除数

向演职人员支付报酬的单位或个人，应该按照税法规定代扣代缴演职人员的个人所得税。

问题291：出租车司机应当如何缴纳个人所得税？

答：对出租车司机，应分以下几种情形缴纳个人所得税：

1. 出租汽车经营单位对出租车司机采取单车承包或承租方式运营的，出租车司机从事客货运营取得的收入，按工资、薪金所得计算缴纳个人所得税；

2. 从事个体出租车运营的出租车司机取得的收入，按个体工商户的生产、经营所得计算缴纳个人所得税；

3. 出租车属个人所有，但挂靠出租汽车经营单位或企事业单位，出租车司机向挂靠单位缴纳管理费的，或出租汽车经营单位将出租车所有权转移给出租车司机的，出租车司机从事客货运输取得的收入，比照个体工商户的生产、经营所得计算缴纳个人所得税。

问题292：律师事务所及其从业人员如何缴纳个人所得税？

答：对律师事务所及其从业人员应区分以下几种情形缴纳个人所得税：

1. 律师个人出资兴办的独资和合伙性质的律师事务所的年度经营所得，作为出资律师的个人经营所得，按照个体工商户的生产、经营所得计算缴纳个人所得税。在计算其经营所得时，出资律师本人的工资、薪金不得扣除。

2. 合伙制律师事务所应将年度经营所得全额作为基数,按出资比例或者事先约定的比例计算各合伙人应分配的所得,计算缴纳个人所得税。

3. 律师事务所支付给雇员(包括律师及行政辅助人员,但不包括律师事务所的投资者)的所得,按工资、薪金所得计算缴纳个人所得税。

4. 作为律师事务所雇员的律师与律师事务所按规定的比例对收入分成,律师事务所不负担律师办理案件支出的费用(如交通费、资料费、通讯费及聘请人员等费用),律师当月的分成收入,按省、自治区、直辖市地方税务局确定的不高于律师当月分成收入的30%比例内,扣除办理案件支出的费用后,余额与律师事务所发给的工资合并,按工资、薪金所得计算缴纳个人所得税。

5. 兼职律师从律师事务所取得工资、薪金性质的所得,律师事务所在代扣代缴其个人所得税时,不再减去个人所得税法规定的费用扣除标准,以收入全额(取得分成收入的为扣除办理案件支出费用后的余额)直接确定适用税率,计算扣缴个人所得税。

6. 律师从接受法律事务服务的当事人处取得的法律顾问费或其他酬金,均按劳务报酬所得计算缴纳个人所得税。

问题 293:个人从事医疗服务活动取得所得,应当如何缴纳个人所得税?

答:对个人从事医疗服务活动取得所得,应当区分以下几种情形缴纳个人所得税:

1. 个人经政府有关部门批准，取得执照，以门诊部、诊所、卫生所（室）、卫生院、医院等医疗机构形式从事疾病诊断、治疗及售药等服务活动，应当以该医疗机构取得的所得按照个体工商户的生产、经营所得计算缴纳个人所得税。

个人未经政府有关部门批准，自行连续从事医疗服务活动取得所得，无论是否有经营场所，都要按照个体工商户的生产、经营所得计算缴纳个人所得税。

2. 医生承包经营由集体、合伙或个人出资的乡村卫生室（站），经营成果归医生个人所有，承包人取得的所得，按照对企事业单位的承包经营、承租经营所得计算缴纳个人所得税。乡村卫生室（站）的医务人员取得的所得，按照工资、薪金所得计算缴纳个人所得税。

3. 受医疗机构临时聘请坐堂门诊及售药，由该医疗机构支付报酬，或收入与该医疗机构按比例分成的人员，其取得的所得，按照劳务报酬所得计算缴纳个人所得税，以一个月内取得的所得为一次，税款由该医疗机构代扣代缴。

问题 294：个人从事彩票代销业务取得所得应当如何缴纳个人所得税？

答：个人从事彩票代销业务而取得所得，应按照个体工商户的生产、经营所得计算缴纳个人所得税。

问题 295：个人投资者用企业资金为本人、家庭成员及其相关人员支付与企业生产经营无关的消费性支出及购买家庭财产，应当如何缴纳个人所得税？

答：个人独资、合伙企业的个人投资者用企业资金为本人、家庭成员及其相关人员支付与企业生产经营无关的消费性支出,以及购买汽车、住房等财产性支出,应当看作企业对个人投资者的利润分配,作为投资者个人生产经营所得,按照个体工商户的生产、经营所得计算缴纳个人所得税。

除个人独资、合伙企业以外的其他企业的个人投资者,以企业资金为本人、家庭成员及其相关人员支付与企业生产经营无关的消费性支出及购买汽车、住房等财产性支出,应当看作企业对个人投资者的红利分配,按照利息、股息、红利所得计算缴纳个人所得税。

问题 296：个人对企事业单位的承包经营、承租经营取得所得,应当如何缴纳个人所得税?

答: 个人对企事业单位的承包经营、承租经营所得,是指个人承包经营、承租经营以及转包、转租取得的所得,包括个人按月或者按次取得的工资、薪金性质的所得。

个人对企事业单位的承包经营、承租经营取得所得缴纳个人所得税,有以下几种情况:

1. 企业实行个人承包经营、承租经营后,承包、承租人按合同(协议)的规定只向发包、出租方缴纳一定费用,企业经营成果归其所有的,承包、承租人取得的所得,按对企事业单位的承包经营、承租经营所得计算缴纳个人所得税。

应纳税所得额＝纳税年度的承包经营、承租经营所得－必要费用(其中的必要费用是指每月 3500 元)

承包经营、承租经营所得适用 5％～35％的五级超额累进税率(同个体工商户个人所得税税率表)。

承包经营、承租经营所得应纳税额的计算公式为:

应纳个人所得税税额＝应纳税所得额×适用税率－速算扣除数

2. 企业实行个人承包经营、承租经营后，承包、承租人对企业经营成果不拥有所有权，仅是按合同（协议）规定取得一定所得的，其所得按工资、薪金所得计算缴纳个人所得税，适用 5%～45% 的九级超额累进税率。

另外，如果企业实行个人承包经营、承租经营后，工商登记改变为个体工商户的，承包人应当依照个体工商户的生产、经营所得计算缴纳个人所得税。企业实行承包经营、承租经营后，不能提供完整、准确的纳税资料，不能正确计算应纳税所得额的，由税务部门核定其应纳税所得额和缴税方式。

问题 297：个人从事建筑安装业取得所得，应当如何缴纳个人所得税？

答：工程承包人、个体户及其他个人从事建筑安装业，包括建筑、安装、修缮、装饰及其他工程作业取得所得，应缴纳个人所得税。

建筑安装业工程承包人取得所得，有两种情况：一是经营成果归承包人个人所有的所得，或者按承包合同（协议）规定，将一部分经营成果留归承包人个人所有的所得，按对企事业单位的承包经营、承租经营所得计算缴纳个人所得税；二是承包人以其他分配方式取得的所得，按照工资、薪金所得计算缴纳个人所得税。

从事建筑安装业的个体户和未领取营业执照承揽建筑安装业工程作业的建筑安装队和个人，以及建筑安装企业实行个人承包后工商登记改变为个体经济性质的,其从事建筑安装业取得的收入应按照个体工商户的生产、经营所得计算缴纳个人所得税。

从事建筑工程作业的其他人员取得的所得,应分别按照工资、薪金所得和劳务报酬所得计算缴纳个人所得税。

问题 298:实行查账征收的个人独资企业和合伙企业投资者,应当如何缴纳个人所得税?

答:个人独资企业的投资者和合伙企业的每一个合伙人都应当按照个体工商户的生产、经营所得,适用 5%～35% 的超额累进税率,计算缴纳个人所得税。计算公式为:

应纳个人所得税税额＝应纳税所得额×适用税率－速算扣除数

1. 个人独资企业的投资者以全部生产经营所得为应纳税所得额,按适用税率计算应缴个人所得税。

2. 合伙企业的投资者按照合伙企业的全部生产经营所得和合伙协议约定的分配比例确定每一个投资者应纳税所得额(没有约定分配比例的,以全部应纳税所得额和合伙人数平均计算每个投资者的应纳税所得额),据此计算每个投资者应承担的应纳税所得额。然后按个体工商户的生产、经营所得计算缴纳个人所得税。

问题 299:实行核定征收方式的个人独资企业和合伙企业,应当如何缴纳个人所得税?

答:实行核定征收方式的个人独资企业和合伙企业缴纳个人所得税,有以下情况:

1. 定额征收。个人独资企业和合伙企业按照税务部门依法核定的应纳个人所得税税额按期缴纳。

2. 核定应税所得率征收。应纳个人所得税税额的计算公式为：

应纳个人所得税税额＝应纳税所得额×适用税率

应纳税所得额＝收入总额×应税所得率

或

应纳税所得额＝成本费用支出额÷（1－应税所得率）×应税所得率

应税所得率应按表 13－3 规定的标准执行。

表 13－3　应税所得率表

行　　业	应税所得率(%)
工业、交通运输业、商业	5～20
建筑业、房地产开发业	7～20
饮食服务业	7～25
娱乐业	20～40
其他行业	10～30

企业经营多业的,无论其经营项目是否单独核算,均应根据其主营项目确定其适用的应税所得率。

问题 300：个人投资两个或两个以上独资、合伙企业的,应当如何缴纳个人所得税?

答：个人投资两个或两个以上独资、合伙企业的,投资者个人应分别向企业实际经营管理所在地税务部门预缴个人所得税,年度终了后办理汇算清缴。主要有两种情况:

1. 投资者兴办的企业全部是个人独资企业的,分别向各企业实际经营管理所在地税务部门办理年度纳税申报,并依其投资的全部个人独资企业的经营所得确定适用税率,以本企业实际生产经营所得为基础,计算应缴税款,办理汇算清缴。计算公式为:

应纳个人所得税税额＝应纳税所得额×适用税率－速算扣除数

应纳税所得额＝各个独资企业应纳税所得额的合计数

本企业投资者应纳税额＝应纳个人所得税税额×本企业应纳税所得额÷各个独资企业应纳税所得额的合计数

本企业投资者应补缴的个人所得税税额＝本企业投资者应纳个人所得税税额－本企业投资者预缴个人所得税税额

2. 投资者兴办企业中有合伙企业的,将投资者在合伙企业中应分配的应纳税所得额与其投资于独资企业的应纳税所得额合并,确定应纳个人所得税税额。投资者应向经常居住地税务部门申报纳税,办理汇算清缴;对于经常居住地与其兴办企业的经营管理所在地不一致的,应选定其参与兴办的某一合伙企业经营管理所在地办理汇算清缴,并且在5年内不得变更。

后　记

为了让富裕起来的农民朋友掌握财务与税收知识,依法理财、民主理财,正确行使对集体经济发展过程中的监督权,合理运用国家的税收政策,为发展农村经济服务,我们接受浙江大学出版社编辑室主任、副编审阮海潮先生相约,编写完成了《农民财务与税收知识 300 问》,把它送给广大的农民朋友,真诚希望农村兴旺发达,农民发家致富,财源滚滚来。

为了使编写的《农民财务与税收知识 300 问》能让农民朋友读得懂、用得上、内容全、查阅便,我们采用"一问一答"的方式编写,尽量做到简单明了、系统而又全面。

全书共分两篇 13 章,第一篇财务知识共 5 章,包含了财务会计基础、资产与负债、收益与分配、民主理财与财务公开等涉及农村财务会计的基础知识,由浙江省台州市财政局高级会计师唐晓东、硕士研究生陈玎玎和新疆生产建设兵团农一师财务局局长助理任波共同编写,唐晓东担任主编、并负责编写第四章和财务篇的统稿与修改,任波编写第一、五章,陈玎玎编写第二、三章。第二篇税收知识共 8 章,包含了税收基础知识、农业生产税收、工业生产税收、商业买卖税收、服务业税收、土地财产税收、社会保障税收、个人所得税收等税收知识,由浙江省台州市地方税务局高级会计师许建国、杜书鸿和浙江财经学院许真溙共同编写,许建国担任主编、并负责编写第六章和税收篇的统稿与修改,许真溙编写第七、八、九章,杜书鸿编写第十、十一、十二、十三章。

本书在编写过程中,得到了浙江省地方税务局劳晓峰副局长的热情鼓励,并为本书写序;得到了浙江省台州市财政局、台州市地方税务局领导的大力支持;得到了浙江大学出版社领导、编审人员的信任、指导和精心修饰,在此,一并表示衷心感谢!

限于我们的学识水平和实践经验,本书编写的内容以及对问题的设计和阐述都会存在不足或错误,请广大读者批评指正。

编　者

2012 年 6 月 22 日

图书在版编目(CIP)数据

农民财务与税收知识 300 问/许建国,唐晓东主编.
—杭州:浙江大学出版社,2012.6
ISBN 978-7-308-10239-1

Ⅰ.①农… Ⅱ.①许…②唐… Ⅲ.①农村—财务管理—中国—问题解答②农业税—税收管理—中国—问题解答 Ⅳ.①F322－44②F812.424－44

中国版本图书馆 CIP 数据核字 (2012) 第 156317 号

农民财务与税收知识 300 问

许建国　唐晓东　主编

丛书策划	阮海潮
责任编辑	阮海潮(ruanhc@zju.edu.cn)
封面设计	俞亚彤
出版发行	浙江大学出版社
	(杭州市天目山路 148 号　邮政编码 310007)
	(网址:http://www.zjupress.com)
排　　版	杭州大漠照排印刷有限公司
印　　刷	浙江省邮电印刷股份有限公司
开　　本	850mm×1168mm　1/32
印　　张	8
字　　数	173 千
版 印 次	2012 年 6 月第 1 版　2012 年 6 月第 1 次印刷
书　　号	ISBN 978-7-308-10239-1
定　　价	20.00 元